Collection dirigée par
Christian Giudicelli

Déjà parus

Christine Jordis, *Bali, Java en rêvant*
Georges-Olivier Châteaureynaud, *La Conquête du Pérou*
Sylvie Germain, *Cracovie à vol d'oiseaux*
Christian Giudicelli, *Fragments tunisiens*
Gabriel Matzneff, *Boulevard Saint-Germain*
François Taillandier, *Journal de Marseille*

La fantaisie du voyageur

DU MÊME AUTEUR

ROMANS

Le Livre de la morte, Aubier-Montaigne, 1980.

Les enfants s'ennuient le dimanche, Hachette, 1985. Babel/Actes Sud, 1999.

Giuliana, Belfond, 1986 ; Le Livre de poche, 1987 ; Babel/Actes Sud, 1998.

Elle demande si c'est encore la nuit, Belfond, 1988.

L'Amour dans la ville, Albin Michel, 1993 ; Le Livre de poche, 1996.

L'Ange de mer, Flammarion, 1995.

Les Vice-rois, Actes-sud, 1998. Prix du roman historique 1998 ; Prix Baie des Anges-Ville de Nice, 1999. Babel/Actes Sud, 2000.

Cyclone, Actes Sud, 2001.

ESSAIS

Le Surréalisme, MA Éditions, 1985 ; réédition augmentée : *Le Monde du surréalisme*, Henry Veyrier, 1991.

La Mémoire de Borges, Dominique Bedou, 1987.

Le Baroque, MA Éditions, 1987 ; réédition augmentée : *Promenades baroques*, Éditions de l'Arsenal, 1995.

Antonio Saura, l'exil biographique, La Différence, 1990.

Tobiasse ou le Patient Labyrinthe des formes, La Différence, 1992.

Españas y Américas, La Différence, 1994.

Gérard de Cortanze

Une chambre à Turin

r é c i t

ÉDITIONS DU ROCHER
Jean-Paul Bertrand

Je remercie Anna Bologna de m'avoir confié les documents qu'elle possédait.

ISBN 2 268 03973 0

À Diodata
À Roberto

Ici, à Turin, on arrive à écrire parce que le passé et l'avenir ont plus d'évidence que le présent, les lignes de force du passé et la tension vers l'avenir donnent un sens concret aux images discrètes et ordonnées de l'actuel. Turin est une ville qui invite à la rigueur, à la linéarité, au style. Elle invite à la logique et ouvre, à travers la logique, une voie vers la folie.

ITALO CALVINO,
« L'Écrivain et la ville ».

Rien n'est vrai. Même pas moi ; ni les miens ; ni mes amis. Tout est faux.

JEAN GIONO, *Noé*.

De tuo Castello, ricco di Gloria,
dei tuoi avi rende memoria.
Le tue torri, alte e suelle,
Sfrecciano in cielo verso le stelle.

MARIUCCIA CHIRONE, « *Caro Cortanze* ».

Oh ! me car e vèi castel,
Venta nen ch'j penssa a ti ;
E dëscôata peui côl vel
D'ji bei temp purtrop spari.

PERCY ROERO DI CORTANZE,
« *Al Castel d'Cortanze* ».

Turin avait autrefois un rempart en terrasse, défendu par des bastions et par un large fossé ; ces fortifications ont été détruites et remplacées en 1818 par des promenades plantées d'arbres, qui font le tour de la ville.

Le rêve turinois

Alors que j'éteins ma lampe de chevet, je pense : « Un texte s'écrit toujours avec d'autres textes. » Descendu au *Turin Palace*, je dois me rendre le lendemain à la bibliothèque d'Asti, afin d'y terminer les recherches que j'ai entreprises depuis trente ans pour tenter d'élucider les mystères qui entourent le passé d'une famille dont je suis le dernier représentant. Les bruits de ferraille des tramways de la via Sacchi me semblent si familiers que je m'endors immédiatement, comme bercé par une musique connue.

Le sommeil possédant, on le sait, sa propre alchimie, la phrase à laquelle je songe, aux portes de ce dernier, se métamorphose. Assis à l'ombre d'un tremble, derrière lequel se profile le grand talus d'éboulement qui conduit au sommet de la Rocciamelone, je ne me dis plus : « Un texte s'écrit toujours avec d'autres textes », mais marmonne : « Une vie s'écrit toujours avec d'autres vies. » C'est alors que je vois s'approcher de moi un chevalier en armes, monté sur un cheval au poitrail large et musculeux, qui porte sur l'épaule droite une croix rouge. L'homme, resté volontairement à distance, me raconte qu'il revient de la croisade menée par Frédéric Barberousse. L'empereur s'étant noyé en chemin, cette troisième expédition en Terre sainte s'est soldée par une débâcle militaire et morale. Bonifacio Roero, puisque tel est son nom, a miraculeusement échappé aux geôles de Saladin. Pour remercier le Seigneur, il a décidé de monter au plus haut de la montagne la vierge de bronze qu'il porte à bout de bras, là où la vue s'étend sur toute la plaine du Piémont, et d'y créer un pèlerinage.

Au réveil, j'ai oublié et le contenu du rêve et la phrase énigmatique. Je travaille comme prévu dans la salle des archives de la bibliothèque d'Asti, revient à Turin par le car de 20 h 30 et, après un repas léger arrosé d'un barolo rouge, retrouve le calme de ma chambre. À peine me suis-je endormi que la phrase de la veille réapparaît, tout comme le chevalier Bonifacio. Celui-ci a changé de nom et de monture. Il s'appelle désormais Roberto, porte un casque en cuir surmonté de grosses lunettes de conduite et pilote une 302 Darl'mat de couleur bleue. Invité à monter à ses côtés, je sens une force étrange qui me pousse à accepter. Une course infernale s'ensuit, à travers les petites routes qui vont d'Asti à Suse. L'homme pilote avec grande dextérité, et ce qui m'effraie le plus ce n'est ni la vitesse excessive ni les rugissements du moteur, mais la main droite du pilote, posée sur le volant de bois, dont l'auriculaire, légèrement recroquevillé et projeté vers l'extérieur, rompt avec le parallélisme qui aurait dû l'unir aux autres doigts. Pourquoi cette particularité osseuse m'effraye-t-elle tant ? Je n'ai guère le loisir de chercher une réponse : après un virage mal négocié, la voiture va s'écraser contre un chêne vert qu'un puissant coucher de soleil ensanglante. Cette sortie de route a pour effet de m'expulser de mon rêve. Ne pouvant retrouver le sommeil, j'ouvre mon livre de chevet : une *Histoire du thé en Italie*, écrite en 1796 par un certain Carlo R... Sur le signet frappé du taureau noir, emblème du *Turin Palace*, une phrase est écrite à l'encre rouge : « Une vie s'écrit avec d'autres vies. »

Mon ultime visite à la bibliothèque d'Asti se déroule comme prévu. Les archives donnent tout ce qu'elles ont à offrir. Mais cette fois, à peine de retour à l'hôtel, je me couche plus tôt qu'à l'ordinaire, comme pour retrouver plus vite les arcanes de mon rêve. Bonifacio est à présent si près de moi que je peux détailler les moindres traits de son visage coupé en deux par un long nez effilé formant une ligne parfaitement droite. Le chevalier, en proie à une grande émotion, raconte qu'il vient d'être nommé vice-roi de Sardaigne, et semble chercher mon assentiment. Je suis très embarrassé. Je sais moi, que ce vice-roi sera le dernier et qu'après Solferino, l'expédition des

Mille et l'Unité réalisée, l'Italie sombrera dans le fascisme ; bientôt, il ne restera plus rien de l'antique famille… Une pluie torrentielle vient frapper les vitres de la chambre et me ramène à la réalité de cette nuit du 22 juillet 1948.

De retour à Paris, je crois avoir oublié mon rêve turinois. Un matin, alors que je me rase devant mon miroir, je suis pris d'une frayeur inexplicable : mon nez ressemble en tout point à celui du chevalier Bonifacio, l'auriculaire de ma main droite est légèrement recroquevillé et projeté à l'extérieur ; enfin, je porte à l'épaule une marque rouge qui ressemble à une croix. Alors, tandis que la fameuse phrase me revient en mémoire, moi, Gérard Charles Boniface Robert Roero Di Cortanze, je prends une décision irréversible : mes rêves seront désormais les seules réalités de ma vie.

Ce rêve, je l'ai fait des dizaines de fois. Pensant m'en débarrasser, j'ai même tenté de l'enfermer dans une nouvelle. Mais las, si la littérature, comme l'érotisme d'ailleurs, pouvait résoudre les problèmes, cela se saurait. J'ai fini par « trouver une parade » – belle expression qui renvoie, à mes yeux, plus au monde du cirque qu'à celui de la belligérance. J'ai accepté l'invitation du professeur Giuliano Soria, codirecteur des *Quaderni ibero-americani* et auteur d'un curieux essai sur la *Sonatina* de Rubén Dario, à me rendre sur la terre de mes ancêtres. On dirait presque la première phrase d'une nouvelle de Jorge Luis Borges… Le château de Cortanze, venant enfin d'être restauré, intègre désormais le *Parc culturel* du prix

Grinzane-Cavour – projet soutenu par la région du Piémont et destiné à valoriser différents espaces géographiques et culturels de l'Italie du Nord. Cette vaste zone culturelle, englobant les Langhe, le Monferrat et le Roero, est l'occasion idéale pour sinon tuer mon rêve du moins l'intégrer dans ma réalité. *Piemonte, Piè di monte* : au pied des montagnes. Piémont : Apennins, Alpes-Maritimes, Alpes Cottiennes, Alpes Graïes, Alpes Pennines, Alpes Lépontiennes. Piémont, hautes montagnes : monts Viso, Genèvre, Cenis, Blanc, Cervin, Rose. Piémont nocturne dans le ciel transparent, montagnes jaunes, terre dénudée, hâlée au soleil…

Je ne le savais pas, ce voyage allait changer ma vie. J'allais revisiter le *château* restauré. Quelle émotion. Quelle joie mêlée de tristesse. En arpentant les rues du village de Cortanze, je me suis soudain senti totalement « chez moi ». J'ai tout reconnu. J'ai pu toucher les murs de la vénérable demeure. L'accueil de la population fut si amical, si chaleureux. Le maire et ses conseillers si prévenants, si attentifs. À moi qui n'étais rien, ces gens donnaient tout, m'ont fait des présents simples et beaux. Quel sentiment étrange, qui ne me quittera plus : je me sens redevable. Comme si ce nom, cette appartenance me donnaient plus que jamais une mission, me contraignaient à un devoir : représenter cette terre qui est celle de mes ancêtres, j'allais écrire : cette terre qui coule dans mes veines. Aujourd'hui, je suis un Piémontais à Paris. On dirait presque un titre d'opéra ! *Ricordi da Cortanze, Saluti da Cortanze, Itinerari in Piemonte*. Voilà, nous y sommes, c'est le sujet de ce livre : ma mémoire turinoise, mon roman de Turin. Pavese, dans *Travailler fatigue* :

Toi qui habites à Turin…
m'a-t-il dit, tu as raison. Il faut vivre sa vie
loin de chez soi : profiter, jouir de tout
et puis, quand on revient comme moi à quarante ans,
plus rien n'est pareil. On n'oublie pas les Langhe.

Revenons à notre point de départ. Je suis dans le hall du *Turin Palace*, il fait face à la Stazione di Porta Nuova, située à l'extrémité de la via Roma devant la place Carlo Felice. Au XIXe siècle, cette gare « monumentale » comportait un buffet accueillant un restaurant à l'excellence reconnue par tous – cela a bien changé… Je monte dans ma chambre. Je pense à Beppe Fenoglio, Augusto Monti, Giovanni Arpino, Alessandro Barbero, Rosetta Loy, Roberto Cotroneo, Lalla Romano, à d'autres qui, chacun à leur manière, parlent du Piémont, et de Turin. Que dit Pavese de Turin ? Tant de choses. Ouvrons *Le Métier de vivre*, son journal écrit entre le 6 octobre 1935 et le 18 août 1950. Il se suicidera neuf jours plus tard, dans une chambre d'hôtel, à Turin justement, en absorbant une vingtaine de cachets de somnifère : « Turin, ville de la rêverie, de par son achèvement aristocratique composé d'éléments nouveaux et anciens ; ville de la règle, de par l'absence absolue de dissonance entre le matériel et le spirituel ; ville de la passion, de par sa bienveillante propension à l'oisiveté ; ville de l'ironie, de par son bon goût dans la vie ; ville exemplaire, de par sa tranquillité, riche de tumulte. Ville vierge d'art, comme celle qui a déjà vu d'autres faire l'amour et qui, pour sa part, n'a toléré jusqu'alors que des caresses, mais qui est prête maintenant, si elle trouve l'homme, à faire le pas. Ville enfin, où je suis né spirituellement, arrivant d'ailleurs. »

Dernière phrase qui me trouble : ville enfin, où je suis né spirituellement, arrivant d'ailleurs. Je regarde par la fenêtre : façades austères, noires, mais baroques, mais musicales. Je sais que durant ce séjour, derrière chaque rue, chaque arête tranchée de maison, dans le brouillard du soir, sous la pluie, dans l'abandon des arbres, des pensées soudaines, au détour d'un carrefour, sous une arcade, dans un parc, pèsera sur moi une crainte ancienne : celle du passé conservé de ma famille dont les membres ont arpenté Turin en tous sens. Évoquant la maison de son enfance bordelaise rasée et remplacée par un supermarché Suma, la ferme familiale rétaise détruite en 1942 parce qu'elle gênait les pièces d'artillerie allemande du Mur de l'Atlantique, Philippe Sollers dit : « C'est mieux ainsi : disparaître pour mieux rester, si je puis me permettre ce paradoxe. Aujourd'hui, tout cela est à moi seul. Je peux m'y promener en rêve, ce que je n'aurais pas pu faire si ces lieux étaient à présent occupés par d'autres. Au fond, c'est comme si j'avais raflé la mise, voilà. Je suis reparti avec des jetons pleins les poches ! » Turin n'a pas été rasé. Le château de Cortanze vient d'être restauré. La crainte ancienne est conservée. Je ne peux plus me promener en rêve dans ces lieux. L'imagination m'aurait permis de me les approprier à jamais, d'obtenir ainsi ce que je ne

Le château de Cortanze. La cour intérieure et le puits, vers 1917.

cherchais pas, ou de trouver sans chercher. Mais voilà, les nuages automnaux rouges qui couvrent Turin, ses parcs, ses campagnes, ses collines, sur l'une desquelles se dresse le *Castello dei Roero*, m'interdisent de converser avec mes fantômes. Je me dois de composer avec mon passé piémontais. Allongé sur mon lit dans la chambre du *Turin Palace*, je laisse les souvenirs remonter à la surface : *da Torino tutto intorno…*

Mon père, en mars 1956. Il était ingénieur chimiste. Ce métier me fascinait. Mon père se battait chaque jour avec un monstre : tuyaux, fils, tentacules, bruits, poussières, explosions fréquentes, dangers...

La Sardaigne en Savoie

Le général Salan vient de créer le Conseil national de la résistance. Il refuse les accords d'Évian qui ont établi, quelques jours auparavant, sur toute l'Algérie, un cessez-le-feu effectif. J'ai presque quatorze ans. Je me sens doublement concerné : je suis gaulliste et lis *La Nation*. Le père d'un de mes amis est un des huit manifestants qui ont trouvé la mort au métro Charonne lors d'une manifestation anti-OAS. Mais ce matin, 30 mars 1962, ce n'est pas l'Algérie qui me hante. Je marche, en compagnie de mon père, le long de la grille interminable qui entoure l'usine du Carbone Lorraine, à Gennevilliers. Il y occupe un poste important. Fabrique de produits chimiques pour l'armée, la forteresse est gardée par des chiens en muselières et des parachutistes mitraillettes au poing. J'ai ramassé une branche d'arbre que je cogne en rythme contre les grilles, tac, tac, tac, tac, tac… Il fait gris et froid. Papa fredonne *Belles, belles, belles* de Claude François ! Soudain, il s'arrête. Visiblement, je l'agace : « Arrête ! Tu n'es pas un garçon comme les autres, tu as un rang à tenir. N'oublie jamais que tu es un Roero Di Cortanze ! »

Le mot est lancé, le nom. À partir de cette date, on peut dire que cette angoisse du poids du nom, du passé, de la généalogie, de la différence n'a cessé de m'habiter. Devrais-je tout faire pour être un petit garçon différent des autres, ou le suis-je, de toute façon, sans rien faire ? Devrais-je accentuer le vert de mes cheveux (je ne revois jamais *The Boy with Green Hair*, de Losey sans être ému aux larmes. Parce qu'il a été tourné l'année de ma naissance et qu'il constitue une réflexion terrible sur le racisme et l'intolérance) ou les laisser pousser, sachant qu'ils sont là, bien en évidence, et que tout le monde les voit ? Souvent, par la suite, dans ma vie d'homme, dans mes rencontres, je n'ai pu m'empêcher, dès lors que je me sentais en confiance, de poser à mon interlocuteur la question des origines, des racines, du passé : mon obsession, sans doute.

Chacun avait sa réponse, qui collait à sa vie. Juan Goytisolo m'a répondu que les hommes n'étaient pas des arbres. Jean-Marie Gustave Le Clézio, que le décalage de son éducation mauricienne à Nice était ce qui l'avait le plus marqué dans sa vie d'enfant. Gina Lolobrigida, qu'elle préférait tout oublier. Victoria Abril, qu'elle remerciait les sœurs de lui avoir donné la possibilité de la transgression.

Jorge Semprun, bien qu'ayant écrit presque toute son œuvre en français, qu'il avait toujours refusé de perdre sa nationalité espagnole. Carlos Fuentes, qu'il oscilla longtemps entre l'anglais et l'espagnol avant de se décider à écrire dans une langue qui n'était pas sa langue maternelle. Paul Auster, cannette de bière à la main, dans son petit jardin de Brooklyn, qu'il ne pouvait remonter plus loin que ses grands-parents, Juifs d'Europe centrale arrivés par Ellis Island et Toronto : « Avant, tu sais, je ne sais plus rien. Tout se perd. Où ? Je ne sais pas. C'est différent pour toi. Pour moi, c'est le vide. Il n'y a plus rien… »

« C'est complètement différent pour moi », oui, tout est là. En 1962, le long des grilles du Carbone Lorraine, c'est la première fois que je prends conscience du poids de ce qui précède l'histoire personnelle de chacun, avant celle qu'on croit maîtriser : je viens de quelque part. J'ai quatorze ans, et mon père commence à me raconter, par bribes, éclats, souvenirs tronqués, mémoires sans mémoire, fausses pistes, tracés retracés, l'histoire de ma famille. J'entends encore sa voix, voilée par la énième Gitane sans filtre ; fumée dans les yeux, persistance du tabac dans toutes les pièces de la villa : « Tu descends du roi lombard Rotari-Roero, qui régna de 636 à 652. On retrouve les traces de ton ancêtre Ghilion Rotari-Roero en Flandres, installé en Italie, au retour de la Première Croisade, où il a combattu sous la bannière du pape Urbain II aux côtés de Pierre l'Ermite, en 1095. » Mon pauvre père, membre actif de la secte des insoumis qui ne cessa de garder sur la réalité de son temps d'étranges

Ghilion Roero a combattu sous la bannière du pape Urbain II aux côtés de Pierre l'Ermite.

yeux ouverts. À taille humaine, dans la vie au quotidien – cette autre face du rêve. Oui, j'entends encore sa voix bleue de tabac, qui semble me dire, derrière des mots d'autres mots : « J'ai cessé d'être une personne. Je me sens comme exilé d'une autre existence. Je suis las de moi-même, de ce Piémont interdit, de ce passé funeste. » En équilibre incertain, dans sa totale et dérisoire misère humaine, mon père fut vaincu par l'histoire familiale. Au sens propre, il perdit son âme, ce gouffre dans lequel Dieu se jette et que Victor Hugo appela avec justesse la « libellule de l'ombre ». Mon père, ce croisé sans croisade, ce châtelain sans château…

L'histoire, « mon » histoire, commence là, autour de ce qu'on appelait alors le « pèlerinage de la Croix », quelque part sur les routes d'Europe, le plateau d'Asie Mineure, la Syrie, devant les murs d'Antioche et ceux de Jérusalem, un 15 juillet 1099, un vendredi, le jour de la mort du Christ. Massacre affreux. Dix mille croisés accomplissant ce qu'il faut ranger au nombre des grands crimes de l'Histoire de l'humanité, et tuant en trois jours quarante mille civils. Urbain II, qui avait prêché la Première Croisade, à Clermont, mourut avant que la lettre annonçant que Jérusalem était « délivrée » ne lui soit parvenue ! Ne revinrent de l'expédition que trois cents moines-soldats, parmi eux : Ghilion Roero, qui choisit de s'installer à Cortanze, *in epoca altomedievale*, entre Asti et Turin… La branche cogne sur les grilles : tac, tac, tac, tac, tac…

À partir de là, je mélange tout et me trouble car, événement singulier, mon grand-père, qui est né dans le château

Saint-Pierre-de-Quiberon, été 1950. J'ai deux ans.
Je suis avec ma tante Odette, ma grand-mère et mon grand-père.
En vacances, ce dernier ne quitte jamais son costume en fine toile blanche ; il redevient élégant et chic, presque hautain.

familial, qui y vécut un certain temps, y connut le luxe, les villas à Antibes et les hôtels particuliers en Angleterre, qui a été baptisé par l'archevêque de Westminster, et qui porte une montre de gousset offerte à son père par le roi du royaume de Piémont-Sardaigne, possède des titres nobiliaires – marquis de Cortanze, comte de Calosso, seigneur de Crevacuore et chevalier de l'Annonciade – qui l'encombrent et lui font haïr la primogéniture. Il veut tout ignorer de cette famille et de ses « origines ». Il ne dit pas : Je ne viens pas de nulle part, mais : Je ne viens pas d'Italie, je ne connais rien du Piémont, Turin m'est une ville inconnue. D'ailleurs, il refuse de parler et de manger italien. *Polenta* et *minestrone* sont bannis de la table familiale. Robert-Roberto parle français avec un fort accent marseillais, ville qui l'accueillit lors de son exil. Sa rue, ce n'est pas le corso del Re à Turin mais la Canebière ! Il est chauffeur de taxi à Saint-Ouen et, lorsqu'il part en vacances à Saint-Pierre-de-Quiberon, il ne quitte jamais son costume en fine toile blanche. Là-bas, il redevient élégant et chic, presque hautain. Tout à coup distant. Au bout de la jetée, il souffre en silence du passé défait.

Dans ma chambre du *Turin Palace*, je pense à toute cette enfance rejointe maintenant par ce présent, à quelques pas de la Porta Nuova, et à ceci : mon père, prenant la suite de mon grand-père dans son rejet de la langue italienne, m'interdira d'apprendre la langue de mes ancêtres à l'école. Me contraignant même à me plonger dans l'allemand, idiome de l'envahisseur autrichien ! J'ai toujours pensé que seul celui qui n'a pas connu le déchirement de l'exil, géographique ou généalogique, peut trouver banal cette fameuse phrase : « Ma seule patrie, c'est ma langue. » Regardez Nabokov, son seul territoire stable, c'est bien sa langue, langage singulier créé de toutes pièces que d'aucuns appellent le « nabokovien », greffe de russe sur l'anglais, mouture singulière aux excroissances diaboliques qui ont pour nom le « zemblien » ou l'« utanien », bouture de savant épris de taxologie qui prend racine dans l'enfance. Lorsqu'il écrit *Rire dans la nuit*, Nabokov opère une véritable métamorphose : il se débarrasse définitivement de son double imparfait, Vladimir Sirine, pseudonyme sous lequel paraissaient ses écrits russes. L'acte le plus périlleux du jeune émigré est bien de choisir entre les deux langues : le russe cède devant l'anglais comme outil d'expression artistique. Cet acte fondateur fait de Nabokov un romancier à tout jamais exilé, puisqu'il le contraint de renoncer à sa langue maternelle comme langue de création. C'est un fait, l'œuvre de Nabokov est un défi qui relève de la diversité linguistique et non de la géographie. Nabokov se métamorphose à chacun de ses livres. Toujours à la recherche de sa langue maternelle, il n'est de nulle part. Ni de l'Ancien ni du Nouveau Monde, mais de celui plus secret du jeune Vladimir à qui la mère anglophile lisait des contes de fées, comme celui dans lequel un petit garçon quitte son lit pour pénétrer dans un tableau, et qui chevauche son cheval de bois « le long d'un sentier peint entre les arbres silencieux ».

Robert-Roberto, le Piémontais de Marseille, utilisait souvent une formule pertinente et adéquate. Il disait :

« La position de ma conscience dans l'univers propose ceci ou cela, détermine ceci ou cela. » Sans doute voulait-il par là signifier que derrière nos sens, nos cœurs, notre espèce, notre monde, se cache une terre promise, qui résiste au temps, aux révolutions, aux exils, aux langues abandonnées puis reconstruites, aux biographies fabriquées après coup. Cette terre promise, c'est la langue maternelle qu'on n'abandonne jamais définitivement et qui nous manque douloureusement. Devenu cruciverbiste, joueur d'échecs, tennisman, dandy trilingue, chasseur de papillons et romancier, Nabokov fait déclarer à l'un de ses personnages : « C'est curieux, plus j'y pense, plus je suis convaincu qu'il arrive un moment dans la vie d'un artiste où il cesse d'avoir besoin de sa patrie. Comme ces créatures, tu sais, qui vivent d'abord dans un monde aquatique et puis sur la terre ferme. » Mon grand-père n'a cessé d'avoir besoin de sa patrie, c'est-à-dire de sa langue.

Nombre de mes livres tentent de parler de cette question du passé de la famille, à commencer par le premier : *Les enfants s'ennuient le dimanche*. Mais l'on a voulu retenir que les deux derniers : *Les Vice-rois* et *Cyclone*… qui ne sont pas des romans historiques mais des romans généalogiques. Tout roman est une œuvre de fiction. Tout roman est un mensonge qui dit la vérité. Dans ce que d'aucuns ont appelé un diptyque, j'ai voulu parler de ce passage du XIXe et du XXe siècle, qui a bouleversé la société européenne en générale et italienne en particulier. Dans ces deux livres, tout est vrai, de l'expédition de Garibaldi en Sicile à la bataille de Solferino, de la montée de la bourgeoisie d'affaires au lent effritement de la société aristocratique, de la Grande Guerre à l'arrivée au pouvoir de Mussolini. Ces questions du passé éclairent notre présent. Le racisme auquel dut faire face ma famille lors de son exil à Marseille fut bien réel, tout comme celui dont ma mère souffrit enfant, quand l'Italie eut déclaré la guerre à la France en juin 1940 : on la chassa de son village à coups de pierres ! J'ai voulu essentiellement parler de ce refus d'une certaine classe d'accepter les transformations du monde, son inadaptation profonde à un monde qui n'était plus le sien et dans lequel elle ne souhaitait plus jouer aucun rôle. Le Ercole Tommaso des *Vice-rois*, comme l'a écrit la presse italienne, est un *Gattopardo piemontese*, en face de lui, Roberto, son fils, qui devient pilote automobile, est un homme de son temps et du changement – ce que fut « réellement » mon grand-oncle Charles de Cortanze, qui remporta les 24 heures du Mans au volant d'une Darl'mat, en 1938.

Ici, à Turin, dans la chambre du *Turin Palace*, je me sens plus que jamais comme un être cassé dont j'essaie de recoller, vaille que vaille, les morceaux, depuis tant d'années. Pour tenter d'y voir clair. Que faire ? Avant le retour à Cortanze, demain, il y a la conférence de presse au théâtre Carignano. Elle a lieu dans plusieurs heures. La possibilité, pour moi, de marcher une nouvelle fois dans « ma » ville, dans cette ville, comme le dit si justement Frédéric Pajak, au « baroque ultramoderne », au tracé régulier, aux rues droites, parallèles, perpendiculaires : un

New York alpin. Tous les voyageurs l'ont remarqué : Turin est une ville d'infinis rectilignes, d'équerre, d'angles à quatre-vingt-dix degrés. Montesquieu, lors d'un de ses « voyages en Europe » : « Turin est une ville riante, petite, quoique agrandie. Et ces morceaux de la Ville qui ont été ajoutés ont été tirés au cordeau. » Nietzsche, après avoir vanté les superbes arcades, « hautes et spacieuses », les grandes « librairies trilingues », remarque ces « rues qui s'acheminent en ligne directe vers les Alpes ». Charles de Brosses, en 1740, dans ses *Lettres familières écrites d'Italie*, ne dit pas autre chose : « Turin me paraît la plus jolie ville de l'Italie, et, à ce que je crois, de l'Europe, par l'alignement de ses rues, la régularité de ses bâtiments et la beauté de ses places, dont la plus neuve est entourée de portiques. » Plus de cent ans plus tard, Charles du Bois-Melly, en 1875 très exactement, après avoir regretté que Turin subisse, « dans l'esprit du voyageur impatient, la fâcheuse conséquence de sa situation géographique au pied des Alpes », note dans son *Voyage d'artiste en Italie* : « Je l'avoue sans confusion, ces édifices de brique et ces larges rues, ces portiques élevés et ces grandes perspectives architecturales ont une beauté d'ensemble qui me fait oublier leur monotonie. » Et que dire de Rousseau qui choisit la chapelle du Saint-Suaire pour venir abjurer ses croyances, au début de son étrange et douloureuse carrière ? Quant à un certain M. A. Bastard, il déplore dans son *Cinquante Jours en Italie* (1878) : « À Turin, on s'est décidément trop servi de la ligne droite, et si j'en reparle, c'est que cette uniformité est vraiment désastreuse pour l'œil. Rien d'impromptu. Des voies tirées au cordeau, comme les plates-bandes monotones des jardins potagers de nos grands-pères, s'élevant perpendiculairement et se croisant symétriquement. Aucune saillie, aucun avant-corps, projetant sa façade bizarre caractéristique. C'est encore la régularité d'un livre de comptes, dont les chiffres sont des maisons qui s'alignent à l'infini sur une démarcation mathématique adoptée. »

C'est évident, il règne ici une certaine grandeur spatiale, une magnificence ; oui, on circule à Turin avec une liberté agrandie. Mais Turin ne se laisse cependant jamais imaginer en entier. Elle se cache dans ses replis. Elle ondule derrière sa rectitude. Elle est rebelle et incessante, inconcevable. À Turin, l'infini prend peu de place mais il est toujours présent. Car, en ses époques successives, cette ville nous donne, polie et brillante, une magistrale leçon d'harmonie, et nous raconte des histoires. Turin recèle dans sa trame, vraie ou fausse, lors même qu'elle paraît la plus discutable, la plus proche du cliché, comme un dessin secret – ce que Henry James appelle « l'image dans le tapis ». Turin est un songe, mental, insolite. C'est à la recherche de cette ville insolite que me convient le silence douloureux de mon grand-père, la partie de cache-cache entamée avec mes fantômes piémontais, ce retour impromptu, inattendu dans un hôtel de la via Sacchi. Souvenez-vous de la toute première scène de *Trouble in Torino*, film de Victor Downfleg, réalisé en 1932… Edward Everett Hemingsner, dévalisé dans la chambre d'un palace turinois, retrouve, quelques mois plus tard à Antibes, son voleur, Herbert Pradman. Où a-t-il bien pu voir cet homme ? Il hésite… Il écrase alors sa Camel dans un cendrier en « giallognolo » – cette pierre qui, avec la serpentine, le rosso et la variolite, constitue le pavage si particulier des rues de Turin –, et tout lui revient. Voilà, ma mémoire n'en finit pas de fabriquer un Turin idéal, plein de réalité et de fiction, de simulacres, pour ne le faire exister que davantage. Un Turin céleste, qui reste à créer. Un Turin en devenir. Chargé de souvenirs, comme la présence, au Musée royal des armures (je tiens ce récit de ma tante Feridah), au beau milieu des figures couvertes d'armures damasquinées, des cuirasses, des pistolets, des épées, des boucliers, et autres monnaies et médailles, du cheval empaillé d'un feu roi qui « servit chaque jour son maître, dans la paix et dans la guerre, puis suivit son convoi funèbre jusqu'à la Superga ».

Enfant, j'imaginais les membres de ma famille bivouaquant devant Jérusalem, dans le but d'éliminer d'Afrique et d'Orient la « secte mahométane », puis de reconduire dans le giron catholique la capitale byzantine investie par la soldatesque turque. Autour de Ghilion Roero habillé d'une cotte de maille, visière du heaume baissée, lance au poing, portant l'épée et le baudrier de chevalier, je suivais les Roero Di Cortanze, fort d'un lignage solidaire et nombreux, allant de joute en tournoi, rompant des lances avec Roger de Flor, templier d'origine allemande, Jean Hunyadi, chevalier valaque, Pedro Vázquez de Saavedra, capitaine espagnol de la flotte bourguignonne, jusqu'à Tirant le Blanc, chevalier-poète valencien, et Alonso

Quijano, triste, littéraire et errant. Je mêlais le temps et l'espace, faisais se rencontrer Luisa de La Voûte, arrière-arrière-grand-mère née aux États-Unis, et Paola Ludovica, sainte aux seins nus flagellés par des nonnes dans le sous-sol du château. L'histoire de Turin, de Montesquieu à Gramsci, des voyages initiatiques aux grandes luttes ouvrières, c'est celle de ma famille, de la puissance et de l'exil, des siècles ramassés, perturbés, de la généalogie des chercheurs de truffes et des pêcheurs de grenouilles, des tailleurs de pierres et des vignerons, des soldats, des évêques, des guerriers, gens infatigables et obstinés, austères, languissants et baroques, des saintes et des poétesses. Cortanze, autour, le Piémont, au centre, Turin : « En son cœur, l'avenir est antique », dit Carlo Levi.

Enfant, le long de la grille de l'usine du Carbone Lorraine, la généalogie n'ouvre pas des pistes mais pénètre profondément dans le passé, celui d'où Vico fait surgir le futur : le futur du passé. Je vis dans le passé, avec les croisés et les chevaliers de l'ordre de Malte, dans les douves des châteaux et dans les combats. Mon père prétend que je descends du vice-roi de Sardaigne. J'oublie la Sardaigne, j'élimine « vice », ne retenant que « roi ». C'est simple et compliqué. « Tu es l'héritier », me dit mon père. Donc, mon ancêtre était un roi. Je suis un roi. Je suis un chevalier errant sans couronne. Chroniqueur de moi-même, je m'invente un roman chevaleresque qui devient l'ancêtre de mon propre roman historique familial, et me perds, perplexe, dans l'étrange devise familiale, « A Buon Rendere », comme Ercole Tommaso, sur

Ercole Tommaso Roero Di Cortanze, vice-roi de Sardaigne, par Giovanni Francesco Rigaut. Ce tableau fut offert à Adolfo Roero Di Cortanze par Umberto II.

le point de s'embarquer, en une certaine matinée d'août 1857, à bord du vapeur *Grifonte*, bateau-poste de la compagnie Rubattino & C°, en direction de Cagliari.

Je ne cesserai sans doute jamais de repenser à ce petit garçon, un Doisneau revu et corrigé par Truffaut, vivant de l'autre côté de la porte de Clignancourt, à Saint-Ouen, dans la France de l'immédiat après-guerre, entre un grand-père chauffeur de taxi et une grand-mère couturière, une mère empaqueteuse et un père ingénieur chimiste, auquel on apprend tout à coup qu'il descend en ligne direct d'un vice-roi de Sardaigne ! Ce fut perturbant, exotique et merveilleux. À l'école, on se moquait de mon nom « à rallonge » et de mes origines italiennes. Dans cette France terre d'asile des années cinquante, j'étais un fils d'aristo mais aussi un rital, un spaghetti, un macaroni. Cela me faisait souffrir, cela, mais je ne le savais pas encore, me donna de la force pour mille ans. Je sais d'où je viens, de quelle langue, de quelle terre, d'un château quelque part en Piémont. Donc, j'étais piémontais et les emmerdais tous, ces petits Français pur jus de père en fils. J'étais vice-roi de Sardaigne, et descendant, par ma mère – Chiara Pezza, italienne elle aussi –, du célèbre bandit de grand chemin Michele Pezza : *Fra Diavolo* ! Quelle aubaine ! Noble et contrebandier ! C'est un fait, plus j'avance en âge et plus mes origines italiennes sont à mes côtés, m'assistent, m'aident à vivre. Je ne me suis jamais senti véritablement français. Mille aspects de la vie quotidienne me l'ont toujours rappelé. Aujourd'hui, j'assume cet héritage et j'en suis fier. Voilà : je n'en ai plus honte… Il m'a fallu attendre si longtemps pour que disparaisse enfin ce sentiment de honte. Ce château, cette terre, ce sont mes véritables racines. C'est ça que je leur dirai, à mes *concittadini*, demain, dans mon discours ému, improvisé : « Mon centre du monde est ici, à Cortanze. Je suis, Gérard Roero, de la terre de Cortanze : Gérard Roero Di Cortanze. »

Au-delà des collines il y a la mer

Le hall du *Turin Palace* est dans mon dos. Devant moi, la grande marée de la via Sacchi, puis la gare, puis la place Carlo Felice, la double allée d'arbres du corso Vittorio Emanuele II. Un trajet s'offre à moi : remonter la via dell'accademia Albertina en direction de la piazza Carlina. Nietzsche a immédiatement été séduit par les rues turinoises « extraordinairement larges et belles ». Pavese, qui a su mieux que nul autre parler des quartiers ouvriers noirs d'usines qui obscurcissent le ciel de Turin, a évoqué magnifiquement ces boulevards élégants et modestes, calmes, discrets, vastes. Se promener dans Turin, comme je le fais maintenant, c'est fouler au pied des rues ocres et brunes, empreintes d'austérité aimable, grandiloquentes. C'est trouver à chaque carrefour la marque d'une mélancolie sobre et exaltante, une gaieté paradoxale, une exubérance nordique donc silencieuse. Nietzsche a su dire cela : « J'ai élu Turin pour ma patrie. » À présent, je sais que je peux reprendre cette phrase à mon compte. Mon grand-père me parlait souvent du vacarme des fiacres, du ferraillement des tramways qui résonnaient sur les larges pavés de Turin. Il aimait énumérer l'étrange variété d'espèces minérales qui fait le pavage turinois uniformément composé de larges dalles et de cailloux : la serpentine, le rosso, la variolite, la smaragdite. Les toucher, c'est se laisser pénétrer par des éléments de l'histoire de l'Italie. Je pars à la poursuite de mes fantômes se perdant lentement dans les labyrinthes de l'Unité italienne en gestation.

Turin est ce damier sur lequel se joue une partie d'échecs qui conduira à la chute de la famille, à sa désagrégation, à son effondrement, à la dilapidation de son héritage. Le 20 septembre 1870, alors que les Français défaits à Sedan ont depuis longtemps rappelé leur corps d'occupation, le cabinet Sella décide d'envoyer les troupes du tout nouvel État italien investir Rome. Une brèche est ouverte sans difficulté Porta Pia, et la Ville sainte est occupée. Moins de deux semaines plus tard, l'annexion est ratifiée par un plébiscite, et la ville proclamée capitale du royaume. Le pape Pie IX, fort du prestige que lui confère l'octroi, par le concile du Vatican, de l'« infaillibilité doctrinale », se considère comme prisonnier volontaire dans son palais, et en profite pour interdire *en conscience* aux catholiques italiens de briguer des mandats électifs. Le pape excommunie, l'argent règne en maître absolu : cupidité, ambition, immoralité, corruption… Entre 1870 et 1880, l'Italie « unifiée » est en plein marasme économique. D'un côté, une agriculture céréalière qui s'effondre, une émigration massive vers l'Europe et le Nouveau Monde, des campagnes où sévit la misère, des villes bousculées par la montée d'un socialisme anarchiste et anticlérical. De l'autre, un essor sauvage du grand capitalisme d'affaires, l'émergence d'un puissant réseau bancaire national, et d'un État fort qui stimule la conjoncture par des commandes d'armement et de travaux publics. La chute de mon *antica e illustre famiglia nobile piemontese*, c'est l'histoire d'une Italie tentée par le « germanisme économique » prôné par Bismarck, et de sa toute nouvelle capitale, Rome, en proie à une extraordinaire fièvre immobilière, tandis que Turin, ancienne possession du marquis de Suze, capitale, sur ordre d'Amédée VII, depuis 1418, décline.

Les fils corrompus de la bourgeoisie enrichie par la spéculation laissent éclater une bassesse, une ignominie, une vénalité, une crapulerie, que je dirais « consubstantielles » à l'âme de certains humains. Le livre de Gaetano Carlo Chelli, *L'Héritage Ferramonti*, rend bien compte de cette époque de grande flagornerie et de profonde complaisance, de laideur, de traîtrise. Victor Hugo disait, dans *La Légende des siècles*, que l'homme était « bassesse, ou bien férocité ». Chez Gaetano Carlo Chelli, il est les deux à la fois. Errant dans les rues de Turin aujourd'hui, je me souviens que la lecture de ce roman me fit éprouver un étrange malaise : publié en 1833, il est d'une navrante modernité ! Mauro Bolognini est un des grands cinéastes italiens du XXᵉ siècle, moins connu que Rosi, Visconti, Fellini, Pasolini et d'autres… On lui reproche d'avoir encombré certains de ses films à costumes de bibelots, d'horloges, de tableaux, de bustes, de tentures ; en un mot d'avoir écrasé son propos sous le maniérisme. C'est une erreur. Cette Italie de la fin du XIXᵉ siècle, qui vit nombre de ses citoyens, piémontais notamment, choisir le chemin de Nice, de Marseille ou du nord de la France, c'est aussi cela. À côté d'une grande pauvreté, l'émergence d'une bourgeoisie avide de pouvoir et d'argent, qui accumule jusqu'à l'étouffement. D'un côté, Rome, nouvelle capitale d'un nouvel État, point de convergence de toutes les audaces, de toutes les envies, de toutes les spéculations sentimentales ; de l'autre, Turin, ancien chef-lieu du département du Pô, dans l'Empire français, auquel le Piémont resta incorporé jusqu'en 1814, dont ne semble rester à présent que des souvenirs jaunis, des ombres, des fantômes polis, usés, lissés par le temps comme ce pavage uniformément composé de larges dalles et de cailloux.

Revenons à Turin, aujourd'hui. Automne 2000. Je me dirige vers la piazza Carlina. À gauche, l'église de la Santa Croce. Lui faisant face, un curieux monument présentant une femme. On dirait qu'elle se gratte ou souffle un secret. D'un côté, elle représente « l'Audace prudente ». De l'autre, levant le poing : « l'Italie libérée ». Je continue ma marche dans Turin, à la recherche des personnages recréés par mon grand-père et qui venaient de son

Turin. Le pont Vittorio Emanuele I°, la piazza Vittorio Veneto, la Mole Antonelliana.

enfance : le postillon qui fait trotter les sabots de son cheval sur le pavé, le charretier précédé de son bruit de roues cerclées de fer, le vannier, le chiffonnier. « Quelle peur, tu ne peux pas imaginer, chaque soir, au croisement de la via Po et de la Pinacoteca dell'accademia Albertina, passait le marchand de peaux de lapins, il avait une voix rauque et une petite trompette stridente qui annonçait son passage… »

Poursuivons notre chemin, réel et imaginaire. Nous ne sommes plus en mars 1962, le long des grilles de l'usine du Carbone Lorraine, ni à Turin à l'automne 2000, mais sur le thonier du père Duick qui relie le continent breton à l'île aux Moines, en juillet 1962. Il suffit parfois, dans une vie, de quelques mois pour grandir. Le « poison de l'histoire familiale », comme l'appelait ma grand-mère « anglaise », est entré dans mes veines, à jamais. Juillet 1962, c'est l'année de la reconnaissance officielle de l'indépendance de l'Algérie. Dans cette guerre, j'ai failli perdre un oncle guitariste, et ai gagné une conscience politique. « La guerre est finie, tu pourras commencer à parler d'autre chose », me susurre-t-on lors des dîners de famille. Les membres de la « tribu Cortanze » – pour reprendre une expression chère à mon grand-père qui, en jardinier zélé, a coupé au sécateur le « Roero » et le « Di », une particule pour quoi faire ? – ne croient pas si bien dire. Entre mes péroraisons autour de la première émission de télévision en mondovision, grâce au satellite Telstar, et mes lectures de *Salut les copains* (le n° 1 offre en prime une photo de Sylvie Vartan en couleurs…), je remplace la question algérienne par la question familiale piémontaise. Je suis la mouche du coche. Je me fais l'avocat du diable. Je harcèle. Je pique. C'est quoi un vice-roi ? La « grand-mère de Paris » m'a dit que l'ancêtre avait filé avec une femme de chambre et dilapidé la fortune durement amassée par les croisés, c'est vrai ? Pourquoi la marquise Eleonora Roero Di Cortanze a-t-elle été assassinée sur les marches du château ? Le royaume de Piémont-Sardaigne était plus grand que la France ? Le père supérieur du collège de jésuites m'a crié au visage qu'on devrait me couper la tête, comme en 1789, qu'en pensez-vous ?

Mes questions restent sans réponse. Ce qui constitue un des drames habituels des familles. Les parents ne sont pas là pour répondre aux questions mais pour les interdictions (mettre les mains sous la table, ne pas lutiner les cousines dans les cabinets) et les obligations : finir son assiette de soupe jusqu'à la lie, connaître par cœur le Nouveau Testament (on ne me parle jamais de l'Ancien…) et les prières de la sainte messe. « *Suscipiat Dominus sacrificium de manibus tuis ad laudem et gloriam nominis sui, ad utilitatem quoque nostram totiusque Ecclesiae suae sanctae. Amen…* » Mais aujourd'hui – je suis de nouveau en juillet 1962 –, alors que le bateau est près d'aborder à l'ombre du Bois d'Amour dans le port de Lério, où mouillent toujours quelques voiliers, dundees ou plaisanciers, c'est moi qui commande. Mon cousin et ma cousine sont mes sujets, mes aides de camp. Je suis le vice-roi de Sardaigne et je vais, en leur compagnie, découvrir une île que Charles VI de Habsbourg a dû échanger contre la Sicile, suite au traité de Londres signé en 1718.

Les Roero ont avec la Sardaigne des liens particuliers, que j'ai tenté d'aborder dans *Les Vice-rois* mais qui, en réalité, sont plus complexes que le roman ne le laisse supposer. La *famiglia* fournit à la maison de Savoie non pas un mais deux vice-rois : Ercole Tommaso (1661-1747), à l'aube du rattachement ; Francesco Gennaro, de la *linea di Monticello* (1758-1842), peu de temps avant l'unité italienne. Si l'on excepte ce double épisode diplomatico-militaire, la Sardaigne est pour moi associée à un nom : Grazia Deledda. La critique italienne manifesta toujours à son égard une certaine réticence. Elle lui reprochait un univers par trop irréel, fabuleux, rempli de stupeur et de forces obscures. L'Italie, « unifiée » depuis un demi-siècle et en pleine aventure mussolinienne, voyait en la Sardaigne – terre natale de Grazia – un monde différent, ni pire ni meilleur, mais si lointain, étranger. Dante, déjà, dans une de ses œuvres mineures, *De vulgari eloquentia*, considérait la langue sarde comme une sous-espèce barbare, sans noblesse ni originalité d'expression. Les Sardes, affirmait-il, « imitent le latin comme des singes ». Lorsque Grazia Deledda, l'autodidacte de Nuoro, obtint en 1929 le prix Nobel de littérature, les détracteurs d'hier firent soudain preuve de bienveillance. Les défauts d'antan devenant d'indéniables qualités. Francesco Alziator reconnaît ainsi que Grazia Deledda sait réentendre la voix des populations sardes, en répète le drame et les mythes, en révèle à jamais l'existence à l'Italie continentale. Tout en lui reprochant d'user parfois d'une langue tellement particulière « qu'on ne sait plus si c'est de l'italien ou son parler sarde transcrit mot pour mot en italien ».

Grazia Deledda est donc une Sarde qui parle italien. Renvoyant au grand Dante la monnaie de sa pièce, elle fait entrer dans la langue d'Italie les dialectes sardes, leur archaïsme persistant, l'ancestral fonds latin revivifié, et des survivances de l'époque nouragique. Grazia Deledda est une sorte de bombe linguistique à retardement. *Elias Portolu, Le Lierre sur l'arbre mort, La Mère, Braises* sont des livres qui évoquent tous le thème central de l'insularité fondamentale de l'âme sarde. Anania, héros malgré lui de *Braises*, petit garçon abandonné à l'âge de sept ans par sa mère, contraint de quitter son île et de vivre en exil sur le continent, n'aura de cesse de retrouver sa génitrice, mère et terre, malheureuse mais non coupable.

Grazia Deledda, qui passa une partie de sa vie à Rome, éprouva toujours pour son île un amour plein de nostalgie et de violence. Son œuvre, tout en restant spécifiquement sarde en ses personnages et ses intrigues, touche cependant à l'universel. Dans tous ses livres, c'est l'âme sarde qui nous est offerte, primitive, passionnée, tourmentée. Avec, en toile de fond, toujours, puissante, une nature sévère, grandiose, sauvage. Tous les héros de Grazia, personnages secondaires ou principaux, sont indestructiblement liés à la terre qui les a vus naître. Sa Sardaigne, c'est mon Piémont. Henri Frédéric Amiel : « Chaque paysage est un état d'âme. » Ou ceci, de Georges Bernanos : « Je n'ai pas écrit de livres, je les ai seulement rêvés. Je les ai rêvés bien des années avant d'avoir l'idée de les communiquer à d'autres, c'est-à-dire de les mutiler. » Ce Piémont rêvé dans l'enfance, m'y voilà une nouvelle fois confronté par l'écrit et par le voyage. Un Piémont *in situ* : une sorte de résurrection, donc.

Revenons à l'île aux Moines… Je dois admettre qu'en cet été 1962 ma connaissance de l'histoire de l'Italie est des plus frustres. Je ne sais pas qui est Vittorio Amedeo II, lequel, en devenant suzerain de l'île, l'a unie au Piémont afin de constituer le royaume de Piémont-Sardaigne. Je ne sais pas que le toscan a peu à peu remplacé la langue hispanique sur une terre qui était espagnole depuis près de quatre cents ans, et dont la langue officielle fut un temps le catalan ! Je ne sais pas non plus que Garibaldi intervint, en 1860, afin d'empêcher que la Sardaigne ne soit donnée au pape en compensation de la perte de Rome, ou tout simplement « offerte » à Napoléon III, pour le remercier d'avoir aidé à réaliser, ce qui reste à démontrer, l'unité italienne.

Je ne sais rien de tout cela. Mais tandis que je découvre une rive de roches grises et d'algues dorées, des pins aux écorces pourprées, une anse arrondie où poussent des roses grimpantes et des fuschias, des eucalyptus et des mimosas, des figuiers, des palmiers, des cupressus à l'odeur amère, j'imagine que ce paradis est la Sardaigne, et que le village que nous traversons, labyrinthe blanc aux volets bleu vif, habité par des marins et des femmes en robe noire, n'est autre que Cagliari.

Nous sommes en 1727, ou en 1823, ou en 1857, moi Ercole Tommaso Roero Di Cortanze, comandante du « Reggimento Di Cortanze », ministre plénipotentiaire à Vienne et à Londres, gouverneur de Biella, de la Cittadella de Torino et d'Alessandria, Gran Croce SS. Maurizio e Lazarro e cavaliere Ordine Supremo SS. Annunziata, je pose enfin le pied sur le sol sarde. On dit qu'un naufrage espagnol a légué aux femmes leur beauté brune et mate, que l'île aux Moines s'était appelée successivement Crialeïs, Izenah, et Enez-Manac'h, parce qu'un prince breton, fils de Nominoë, en avait fait cadeau aux moines de Redon à qui elle devait acquitter un impôt de « fèves et de haricots pour leur consommation ». Évidemment, je confonds les siècles, les géographies, les légendes. Les deux îles ont cependant un point commun : elles ont été données ou échangées ; elles font partie de ma mémoire. Certes, le « golfe des Anges », au centre duquel repose Cagliari, divisée en quartiers primitifs et sévères où fourmille une intense activité économique et administrative, n'est pas le port de Lerio avec son église entourée d'ifs ; les Nouraghes ne sont pas des Celtae ; mais pour moi, en cet été 1962, l'île de Groix est la Sardaigne.

Sans le savoir, j'y trouve déjà, parmi les haches polies que les paysans nomment les « pierres du tonnerre », des liens secrets avec la *Madre Mediterraneo* qu'Ercole Tommaso trouve dans sa chambre royale. Ma *Madre Mediterraneo* à moi est plus humble, mais elle aussi a traversé les siècles : c'est une petite idole en terre cuite, ramassée dans les tombes des légionnaires romains, déesse protectrice et frêle, « dame » mystérieuse dont le souvenir persiste dans les vitrines du musée de Vannes. Toutes les fois que je prends un bateau, voiliers des régates de mon enfance, ferries new-yorkais ou havanais, anciens bacs qui menaient à l'île de Ré, barques minuscules sur l'étang du Retiro à Madrid ou sur le lac de Genève, barges remontant le Danube, non loin de Budapest, sillonné par des vedettes soviétiques, chalutiers galiciens à la recherche de bans de maquereaux, bateau de pêche breton du vieux père Duick qui ramena un matin dans ses filets une bien étrange prise – je repense à Ercole Tommaso. J'imagine que j'ai endossé les vêtements du vice-roi. Que s'est-il passé, entre Gênes et Cagliari, sur le vapeur *Grifonte* ? Comment ce soldat de terre ferme, général d'artillerie, a-t-il vécu cette traversée maritime et l'exil relatif de ses années passées en Sardaigne qui, comme nombre de vice-royautés de l'époque, n'était qu'un comptoir perdu au bout de la terre ?

Je traverse la via Po. À droite, tout au bout : la piazza Vittorio Veneto, prolongée par ce qui fut longtemps appelé « le pont du Pô », composé de cinq arches elliptiques de vingt-cinq mètres chacune, et datant de la domination française. À gauche, dans le lointain, le Palazzo Madama, commencé au XIVe siècle, Juvara en terminera la façade en 1720. Lorsque Turin était encore capitale du royaume d'Italie, la Chambre des pairs y tenait ses séances. Que de fois n'ai-je entendu parler de ce *Castello*, lieu de résidence de la duchesse de Nemours ! Il est pour moi l'image même d'une certaine inaptitude à vivre au monde : celle de mon grand-père qui regrettait tellement de ne plus pouvoir s'arrêter devant la statue faisant face au palais, monument élevé à l'armée sarde par les Milanais…

Peut-on mourir par inexpérience ? Telle est la question que je me pose en regardant ce que fut la vie de « Robert Cortanze ». Peut-on mourir d'être étranger au monde, et de n'avoir pas su changer les conditions de vie qui avaient été pour lui si destructrices ? Moins catégorique que Jacques Rivière affirmant que Proust était mort de ne pas savoir comment on allume un feu ni comment on ouvre une fenêtre, « R.C. » ne répond jamais aux questions qu'il pose. Ni mélancolique, ni nostalgique, il essaie simplement de déterrer ses vieilles histoires, de se les représenter le plus *fidèlement* possible, et sans doute d'en mourir. Il était si pudique, direct, élégant, presque distant, caché derrière ses petites moustaches finement coupées…

En introduisant une part de fiction dans la narration de sa vie – *Les enfants s'ennuient le dimanche, Les Vice-rois, Cyclone* –, je rends les éléments ainsi rassemblés plus exemplaires, et confère à sa biographie un caractère emblématique. Je souscris entièrement à ce que l'écrivain allemand W.G. Sebald nomme autobiographie fictionnelle : « Je suis persuadé qu'il est impossible, aujourd'hui, d'écrire un roman sans que l'on se découvre, et cela dans les deux sens du mot. En écrivant, je me mets à nu, et découvre sur moi, grâce à l'enquête ainsi menée, des pans de ma personnalité qui m'étaient jusqu'alors inconnus. La vérité de ce qui est raconté est donc le résultat d'un processus entre celui qui raconte et ce qu'il raconte. » Parlant de l'île aux Moines, je parle de la Sardaigne ; me promenant dans Turin, je croise les récits familiaux, une vaste littérature qui me fabrique : la détournant à mon profit, je me trouve.

Donnant à mes ancêtres piémontais une mytho-biographie, je m'approprie leur espace, configure leurs pensées, m'initie : comme eux, je semble regretter un monde disparu, non point tant parce qu'il s'agit de magnifier le passé que parce qu'il représente une étrange valeur sûre. Le présent est toujours vécu difficilement : il est porteur d'incertitudes et d'interrogations angoissantes. « R.C. », éternel émigré piémontais, réside à Marseille, à Nice puis à Paris : y oscillant toujours entre souvenir et mémoire. Le premier est un processus actif par lequel on travaille la matière de ce qu'on a vécu. La seconde est une faculté muette qui existe mais sans aucun processus de restitution. « R.C. » est à la frontière. Il sait que, un jour ou l'autre, il sera lui aussi rattrapé par son passé, par son exil, et que ce temps sera alors de plus en plus lourd à porter. En regardant « R.C. » vivre et mourir, j'ai vu sous mes yeux l'Histoire devenir quelque chose de palpable et de concret. Mon cher petit grand-père, homme dans toute sa nudité d'homme, dans sa profonde difficulté à vivre l'exil, loin, si loin de sa région et du cœur sauvage de son être. Comme cela dut être difficile de faire table rase et de dire : « Je ne suis plus ni italien ni piémontais ni turinois. Même si la nostalgie de ma terre est immense, je refuse d'y retourner. Je ne pourrai plus jamais y vivre.

Il y a trop de fantômes... » En cette fin de matinée d'automne, je les croise et les recroise, ces fantômes, tout au long des sept cents mètres de la via Po, ornée de belles maisons avec arcades – ce qui en fait aujourd'hui encore une promenade très fréquentée, soit dans les grandes chaleurs, soit dans les temps de pluie. Non loin de là, la via Dora Grossa – au souvenir fascinant : du temps de Napoléon s'y déroulaient des courses de chevaux !

Nous sommes en 1962. J'aime ces grands coups de volant des siècles, ces sautes de temps, comme on dit des sautes d'humeur. Nous sommes en 1962, l'ourlet rouge des géraniums cernant les demeures de l'île de Groix est comme le sang des révoltes sardes contre l'occupant piémontais, l'Italien du Nord, l'administrateur venu de Savoie... Je descends d'une famille de soldats. On dit : la noblesse d'épée. Ce qui n'est pas la noblesse de robe. Je hais la guerre, les massacres – combien de femmes, d'enfants, de vieillards sans défense a tués Ghilion en 1095 ? Cette question me hante... Mais j'exècre aussi l'atmosphère feutrée des antichambres, des bureaux, des ministères, les intrigues fomentées par des individus qui ne quittent jamais leurs profonds fauteuils. J'ai longtemps refusé de lire Hemingway. Indépendamment de la qualité de son écriture, j'ai fini par admettre que sa vie même me fascinait, tout comme celle de Malraux, au-delà de toutes les légendes malveillantes dont on l'affuble. J'aime cet écrivain qui se jette chaque matin dans l'écriture, et qui court, toute sa vie durant, en donnant et en recevant des coups, derrière son enfance : ces journées passées en compagnie de son père, médecin des Indiens ojibways, dans l'immense univers naturel, le monde vierge et authentique des bords du lac Walloon. D'Ernest Hemingway, ces deux phrases, à apprendre par cœur : « La chose la plus difficile au monde est d'écrire une prose parfaitement sincère sur les êtres humains. D'abord, il faut connaître le sujet ; et puis il faut savoir écrire », et cette autre : « La vie d'un écrivain, en mettant les choses au mieux, est une vie solitaire. Les groupements d'écrivains pallient la solitude, mais je doute qu'ils améliorent son style. Son importance grandit aux yeux du public lorsqu'il renonce à sa solitude, mais souvent son œuvre en souffre. Car il œuvre dans la solitude et, s'il est assez bon écrivain pour cela, il doit chaque jour affronter l'éternité, ou son absence. »

Chacun a la nostalgie qu'il peut. Mon paradis perdu n'est pas fait des hautes branches des sapins ni du vol matinal d'un martin-pêcheur, il est plus tenace et plus impalpable à la fois : il est en Sardaigne, pays des « Maisons des Fées », ou sur l'île de Groix, terre de la « Montagne de la Fée ». J'évoquais précédemment les liens particuliers de notre famille avec la Sardaigne, et rappelais que Francesco Gennaro y avait assumé les plus hautes fonctions. Si cette île sombre et lumineuse m'a toujours semblé habitée par le mystère et l'étrangeté, je n'ai jamais pensé, comme nombre de voyageurs du XIXe siècle, qu'elle était sauvage, difficile d'accès et dangereuse à visiter. Aussi, lorsque je lis la lettre qu'Honoré de Balzac envoya à Mme Hanska, relatant son voyage en Argentiera, cela ne laisse pas de me surprendre. Il est vrai que nous sommes en 1838, date à laquelle Francesco Gannero occupe justement le poste de vice-roi de Sardaigne, et que je n'ai jamais songé que cet ancêtre ait pu avoir sous les yeux une pareille réalité : « La Sardaigne ressemble à la Polynésie. Un royaume entier désert, des gens sauvages ; aucune culture. Hommes et femmes marchent à demi nus, ne couvrant que leurs parties intimes. J'ai voyagé dix-sept ou dix-huit heures à cheval sans trouver une seule maison ni une quelconque nourriture. » Il est vrai que le pauvre écrivain, entraîné par un certain M. Pezzi, commerçant à Gênes, dans un projet d'exploitation des scories des mines d'argent abandonnées par les Romains en Sardaigne, qui se solda par un échec retentissant, transforma l'Eldorado sarde en une terre affreusement hostile…

Chacun situe son paradis perdu dans un temps et un espace qui lui sont propres. Le mien est à Turin, alors que le siècle bascule du XVIIIe au XIXe siècle, et que s'annoncent les bouleversements que l'on sait. Un Turin automnal, comme celui de cette fin de matinée d'octobre où j'arpente les chères rues de ma ville. Giorgio De Chirico ne se trompa pas lorsqu'il intitula une de ses toiles : *Malinconia torinese*. L'œuvre date de 1915, c'est-à-dire d'avant la création du groupe « Valori plastici » qui le conduit à renier sa première époque. Grand lecteur de Schopenhauer, d'Otto Weininger et de Nietzsche, c'est dans ce dernier qu'il trouve comment exprimer « la mélancolie des belles journées d'automne » de certaines villes italiennes. Et parmi elles, Turin : « Cette poésie étrange et profonde, mystérieuse et solitaire infiniment, qui se base sur la *Stimmung* d'un après-midi d'automne, quand le ciel est clair et les ombres plus longues que pendant l'été, car le soleil commence à être plus bas, c'est à Turin, ville d'Italie par excellence, où a lieu cet étrange phénomène, que j'ai éprouvé cette sensation extraordinaire. »

Donc, voilà ce Turin que je retrouve aujourd'hui. Turin de la nostalgie infinie, Turin de la précision géométrique des places où surgissent soudain des statues. Turin des horizons limités, des apparitions. Turin automnal et gai, d'une étrange gaieté, qui n'a guère à voir avec la ville silencieuse des après-midi d'été. Natalia Ginzburg, parlant de la mort de Cesare Pavese, dans *Portrait d'un ami* : « Notre ville, pendant l'été, est déserte, et paraît très grande, claire et sonore comme une place ; le ciel est limpide mais non lumineux, d'une pâleur lactée ; le fleuve se déroule, plat comme une route, sans dégager d'humidité ni de fraîcheur… » Pavese choisit, pour mourir, un été torride, un jour quelconque dans cet été torride, dans une chambre quelconque, dans un hôtel près de la gare. Une chambre à Turin. Cette ville était la sienne, était lui, coulait dans ses veines. Il choisit d'y mourir en étranger. J'y reviens aujourd'hui : en étranger ?

Je longe la via Po, passant et repassant sous les arcades. Une toile de De Chirico revue et corrigée. Tanguy, Carra, peut-être ? Je songe à cette phrase de Breton adressée à De Chirico : « Quelle plus grande folie que celle de cet homme perdu, maintenant perdu parmi les assiégeants de la ville qu'il a construite et qu'il a faite

Le château de Cortanze avant restauration.
Une lettre d'Anna Bologna dit : « Il a été trop longtemps entre les mains des spéculateurs qui l'ont exploité et ensuite partiellement détruit – y compris le parc et le bois de cèdres du Liban abattus et vendus. »

imprenable ? » Et à ces vers de Cesare Pavese, extraits de *Travailler fatigue*, tandis que je me dirige vers la Mole Antonelliana :

En été, il y a certains après-midi
où les places elles-mêmes sont vides, offertes
au soleil qui est près du déclin, et cet homme qui vient
le long d'une avenue aux arbres inutiles, s'arrête.
Est-ce la peine d'être seul pour être toujours plus seul ?

J'évoquais plus haut Giorgio De Chirico. Celui-ci avait un frère cadet : Alberto Savinio, italo-français né en Grèce en 1891, et mort à Rome en 1952, qui possédait un étonnant talent polymorphe. Poète, auteur de textes de fiction, essayiste, critique d'art, dramaturge, illustrateur, décorateur de théâtre, compositeur, chef d'orchestre, journaliste littéraire, chroniqueur musical et théâtral, traducteur, il est l'auteur d'une œuvre excentrique et sulfureuse. Son univers est peuplé de héros sublimes et dérisoires qu'il accompagne dans leurs délires nocturnes, tout au long de leurs siestes, et très souvent lors de leurs tracas quotidiens. Mais toujours des ponts, des perspectives, des correspondances sont jetés entre tous les arts pratiqués à la perfection. Maître d'œuvre d'une création littéraire qui reste son activité majeure, celle-ci lui permet d'abolir tous les genres.

Il y a chez tout auteur un projet avoué et des racines occultées qu'il ne dévoile que rarement. Savinio ne déroge pas à la règle. C'est du moins ce qui peut apparaître à la lecture attentive d'un livre comme sa *Vie de Henrik Ibsen*.

Savinio dut très tôt changer de nom pour ne pas faire de l'ombre à son frère aîné, et alla même jusqu'à publier une fausse autobiographie, rêverie délibérée au sujet de son enfance – *Enfance de Nivasio Dolcemare* –, écrite pour se cacher. Pourquoi écrit-on des biographies ? se demande-t-il dans *Vie de Henrik Ibsen*, sans vraiment donner de réponse. Pour enregistrer la vie du grand dramaturge, pour le montrer à tout le monde, pour devenir expert en photos d'identité ? Non. La biographie, comme l'écriture, est pour Savinio un jeu secret. Il suggère qu'il écrit peut-être pour se faire un groupe d'amis, pour accroître le nombre de ses enfants, ou pour peupler une solitude déjà surchargée… Alors, pourquoi écrit-on ? Transposition fantasmatique, divagation, travail de fourmi ? Voici ce que nous dit Savinio : « Je cherche l'âme secrète des choses derrière leur façade sapée par l'usage et devenue méconnaissable. » Me voici à Turin, cherchant l'âme secrète des choses de ma biographie familiale derrière, etc.

Hic me portavit Bonifacius Rotarius

Nulle contestation possible, l'inspiration de Pavese est étroitement liée au Piémont et à Turin. *Le Métier de vivre*, 16 février 1936 : « Le hasard m'a fait commencer et finir *Travailler fatigue* par des poèmes sur Turin – plus précisément, sur Turin en tant que lieu d'où l'on revient, et sur Turin en tant que lieu où l'on reviendra. On dirait que mon livre est l'extension de S. Stefano Belbo et sa conquête de Turin. Parmi les nombreuses explications du "poème", celle-ci en est une. Le village devient la ville, la nature devient la vie humaine, le gosse devient homme. À ce que je vois, "de S. Stefano à Turin" est le mythe de toutes les significations imaginables pour ce livre. » S. Stefano est le village natal de Pavese. Je me sens proche de Pavese pour cette raison : on ne peut pas sentir avec profondeur un paysage auquel on n'est pas lié par de tenaces racines. Donc, ceci, dans *Le Métier de vivre*, 10 octobre 1935 : « Si ces rochers étaient en Piémont, je saurais bien les absorber en une image et leur donner une signification. Ce qui revient à dire que le premier fondement de la poésie, c'est l'obscure conscience de la valeur des rapports, au besoin même des rapports biologiques, qui vivent déjà une vie larvaire d'images dans la conscience prépoétique. » Et cela encore, dans une lettre adressée à Fernanda Pivano, en 1942 : « Les personnages d'un récit doivent être enracinés dans la réalité qui les entoure par d'innombrables racines qui sont *leurs* souvenirs, *leur* imaginaire. »

C'est un fait : une réalité extérieure ne vit pour moi qu'en tant que souvenir. Il y aurait, je crois, à écrire, à développer une vraie et bonne théorie de la connaissance comme souvenir. C'est cela mon Turin. Un Turin de morceaux lyriques, une somme unique au monde. L'enfance turinoise de mes ancêtres m'a fabriqué la mienne : entre fiction et réalité. Ici, à Turin, je me retrouve face à mon propre mythe piémontais, à ma singulière mythologie turinoise. Mais, au fond, qu'est-ce qu'un mythe ? Nombre d'auteurs ont tenté d'en donner une définition. Henri Monier propose une classification en quatre rubriques : le récit d'origine anonyme, qui revêt une valeur allégorique (Prométhée, le « voleur de feu ») ; le récit légendaire, appartenant à un système religieux et poétique (le mythe de Sisyphe) ; l'adoration laïque spontanée émanant d'une conception collective (le mythe de la vitesse) ; le récit invraisemblable ou mensonger (Verlaine écrivant en état d'ivresse). Barthes, de son côté, soutient, dans ses fameuses *Mythologies*, que « tout peut être mythe ». L'Italien Pietro Citati propose une autre voie – je m'en sens proche : « En contant des mythes, l'homme, être inachevé, sauve l'humanité de son aspect fragmentaire. »

Rares sont ceux qui ont tenté de donner aux mythes forme humaine. Charles Picard, dans sa préface au fameux *Dictionnaire de la mythologie* de Grimal, rappelle que la première « représentation » de l'irreprésentable remonte sans doute à 205 avant J.-C. Cette frise figure l'Apothéose d'Homère célébrée en présence de deux souverains lagides. Devant plusieurs groupes de représentations allégoriques un sacrifice religieux est célébré. Un jeune homme tient une oenochoé pour la libation et une jeune prêtresse répand de l'encens sur le feu : il personnifie le Mythe, elle est l'Histoire. La véritable nouveauté ? La fusion des deux…

On se souvient que Platon, qui créa des mythes, jugea « immorales » les inventions d'Homère, et que Chateaubriand remercia le christianisme d'avoir débarrassé les églises des « dieux ridicules » issus de l'antiquité. L'un comme l'autre avaient du tempérament et du style. L'un comme l'autre se trompaient : les mythes sont ineffaçables, tenaces, fondateurs et phénix. Le mythe se nourrit de mythe. Un exemple ? L'immense corps désordonné de la mythologie grecque emprunte à la Crète, à l'Égypte, à la Palestine, à la Phrygie, à Babylone. La psychanalyse considère que les mythes sont des manifestations de la psyché préconsciente, mais une véritable science du mythe ne peut s'édifier que sur une étude minutieuse de l'Histoire, donc de l'archéologie, des religions comparées et des littératures : « La littérature naît des mythes et produit des mythes. » C'est fondamental. Me promenant à Turin, à la recherche de ce que je suis, en écrivant les récits rapportés de mon *histoire*, je ne fais rien d'autre que de fabriquer mon mythe en le mettant à jour : la vie serait inacceptable sans les fables, et l'on trouve souvent autant de réalités dans les légendes que dans l'Histoire – mon grand-père « inventant » son départ du château de Cortanze.

Il me parlait parfois de Leopardi, glosant sur son fameux « Je n'en peux plus, je n'en peux plus de la vie », jamais de ce que l'auteur des *Canti* et des *Pensieri* disait de l'infini. Leopardi ne cherchait pas l'infini dans le ciel et les nuages, son infini naissait de sa prison intérieure, de la fermeture en lui-même : son infini était mental et totalement imaginaire. Cet infini, c'était mon Turin : le mythe, et rien que le mythe. En effet, nous ne pouvons toucher à l'essence des mythes, à leur grande lumière. En les réécrivant, en les reparcourant, l'homme peut mettre à jour le mythe qui n'est que le reflet de la lumière, et ainsi sortir de ses ténèbres. Revenons à notre Italien, Pietro Citati, il a raison : « Les mythes deviennent toujours des contes, telle est, je crois, leur essence : on part d'un mythe pour arriver aux *Mille et Une Nuits*. »

Le château de Cortanze, août 1993. Le puits, le tilleul séculaire.
État d'abandon, donc possibilité de retrouver ses fantômes.

Le mythe est énigmatique, certes, mais ne porte en lui aucun principe de contradiction, et tire sa richesse et son mystère de la coexistence en son sein des opposés du monde. Du conte à l'essai, la distance est infime. Regardez Montaigne, c'est un savant dilettante : son savoir vient de l'expérience et non des sciences. Il sent les choses dont il parle, il les touche, il les voit. En notre époque de faux mythes, les seuls mythes véritables nous viennent des temps anciens. Leur rôle : former l'être humain. Voilà mon Turin, mon Piémont, ma mythologie éducative. Je me garderai bien de tenter de donner une définition du mythe, mais je me sens malicieusement proche de celle proposée par Plutarque : Il y a deux vérités. D'un côté, la vérité philosophique, qui n'est pas rationnelle : on observe les idées du vaste monde avec les yeux, voilà la lumière. De l'autre côté, son reflet, c'est-à-dire le mythe, coloré et multiple. Le mythe nous permet de jouir du reflet de la vérité. Turin me donne une leçon : je ne peux posséder la lumière, je ne peux l'habiter, je dois me contenter de son reflet : le mythe. D'aucuns trouvent le ciel de Turin sale, prétendent qu'ils va même jusqu'à tuer le soleil. Non. Le dieu turinois est un dieu caché. Quand Augusto Monti écrit de Turin qu'il est une fausse maigre, « d'une beauté modeste et rétive qui déborde de grâces cachées », il dit juste. Turin, il faut la dévêtir, la toucher, la parcourir en tous sens : ses grâces multiples apparaissent à qui sait les mériter. Turin est la ville la plus sensuelle d'Italie : le feu sous la glace.

Revenons à la « *Mole* », conçue par Alessandro Antonelli, en 1862, pour être une synagogue, elle fut achetée par la ville et complétée en 1878. Elle abrite aujourd'hui les expositions du musée du cinéma. Curieux glissement de la religion aux lanternes magiques et autres boîtes optiques… La mémoire abrite d'étranges phénomènes, fabrique des coïncidences. J'observe la flèche métallique, terminant l'édifice, pointée haut dans le ciel, qui justement n'est pas sale mais d'un bleu sans nuage, presque d'hiver, comme à Madrid, et me voilà soudain transporté en 1985, en automne 1985… Du temps a passé depuis les paroles paternelles m'enjoignant d'être à la hauteur de notre nom patronymique. A-t-on jamais fini de parler de son père ? En ces tristes journées de novembre, le mien n'a plus que quelques mois à vivre, tout comme ma grand-mère maternelle. Leur mort sera un des grands chocs de ma vie. Mais je ne sais pas encore qu'ils vont mourir. J'occupe, à Paris, un petit appartement minuscule. Il me reste moins de trois mille francs sur mon compte en banque. Je vends des bijoux de famille au poids de l'or, mes collections de *Change* et de *Tel Quel*, mes revues surréalistes, mes livres d'art, des éditions originales de Lorca, de Neruda, de Rafael Alberti – ma « matière hispanique ». Ma bibliothèque ne part pas « en fumée » mais chez des soldeurs qui se frottent les mains et font baisser les prix : « Mors fendu… charnières usées… bords jaunis… petit accroc sur le plat inférieur… dos légèrement passé… épidermure… taches en bordure inférieure… déchirure marginale au premier feuillet… coiffes abîmées… légères traces d'humidité, etc. » Je vends ma voiture. J'échafaude des plans incongrus pour me laver à l'eau froide, pour consommer moins d'électricité. Je ne circule qu'à pied. Je songe même un instant à tendre des pièges aux canards à col vert du parc Montsouris, pour les laquer dans ma cuisine où un vieux poste de télévision me sert de plan de travail. Je suis le descendant fauché du *Crociato Guilione celebre condottiero fiammingo alla prima corciata*, un père toujours aussi abasourdi par le départ de sa fille en Espagne, alors qu'elle avait à peine plus de trois ans, un écrivain angoissé qui suit la courbe des ventes de son premier roman, *Les enfants s'ennuient le dimanche*. Mon père avait-il raison de prétendre que je n'étais pas un petit garçon comme les autres ? Ne suis-je pas en train de devenir un adulte, comme les autres, comme tous les autres : avec les mêmes problèmes, les mêmes soucis, les mêmes tristesses, les mêmes désespoirs ?

Que faire ? Une anecdote familiale m'éclaire. Lorsque mes parents n'avaient plus d'argent et se nourrissaient de tartines de pain beurrées et de café au lait, c'était le moment généralement choisi par mon père pour dépenser ses derniers francs. Une façon de conjurer le mauvais sort. De combattre le mal par le mal, comme les habitants de Ciudad Rodrigo, la ville de Fernando Arrabal, lesquels, pour protester contre l'Église catholique qui les obligeait à manger du poisson pendant le carême, faisaient une fête païenne et bestiale, l'*Enterrement de la sardine*. Les femmes se déguisaient en hommes, les hommes en femmes, les vieux en jeunes, les jeunes en vieux, et toute cette engeance satanique dansait autour des boîtes en bois blanc contenant des sardines salées,

La salle d'armes du château de Cortanze.
Vidée de ses meubles et de ses tentures, elle devint pour les enfants un lieu magique et secret.

seul aliment comestible capable d'arriver dans ce trou du cul du monde perdu au plus lointain de la Castille-Léon.

Je fais comme mon père, qui offrait des manteaux de fourrure à sa femme et des chaussures en crocodile alors qu'il était criblé de dettes. Je n'écoute pas les experts comptables de la vie qui envoient leur doublure au casse-pipes et restent bien calfeutrés chez eux comme de vieux géraniums, fabriquant, dans la pénombre de leur cave, de longues radicelles blanches. Je m'expose, je flambe, tel Ercole Tommaso à la bataille de Solferino, et aux côtés de Garibaldi. Nous allons y venir... J'achète, à crédit, sur trente-six mois, un piano pour ma fille, qui pourra ainsi en jouer, les soixante jours par an durant lesquels le jugement de divorce l'autorise à venir voir son père, avec autour du cou sa poche *U.M. : Unaccompanied Minor.*

Je loue un smoking noir à revers de soie gris pour pouvoir me rendre au dîner offert à l'Élysée par François Mitterrand à l'occasion de la venue en France de Raoul Alfonsin – premier président argentin de l'après-dictature, qui prononce pour l'occasion un discours plein de dignité –, et regagne ensuite mon matelas pneumatique : « Bonsoir, monsieur le président, oui, je vais bien, merci. Et vous ? Et Greenpeace ? Charles Hernu n'est pas des nôtres ? On guette sa venue ; viendra, viendra pas ? Et les Folles de la place de Mai ? Et tous les amis disparus depuis toutes ces années, Chiliens, Argentins... Tiens, Mme Marie Laforêt à la table du président... »

Enfin, je dilapide l'argent qui devrait me permettre de faire des stocks de pâte et de riz, et m'inscris à un stage de tennis ! À l'autre bout de Paris. La neige et la glace recouvrent la capitale, le fuel gèle dans les réservoirs. J'attrape la seule grippe de ma vie et reviens avec un tennis-elbow qui me condamne à écrire de la main gauche ! Mais je suis heureux. J'ai conjuré le mauvais sort. Mon roman se vend finalement bien, et je fais une rencontre singulière, secrète, qui me touche et me parle du Piémont, de Turin et de ma famille.

Je ne me souviens plus quelles furent les raisons exactes pour lesquelles je proposai aux éditions Hachette de publier *Italie rouge et noire*, de Toni Negri. Je ne veux en rien intervenir sur mon temps, je ne suis ni un politicien, ni un écrivain hanté par l'ombre d'on ne sait quel grand prédécesseur. On accuse Toni Negri d'être le chef spirituel, le penseur des Brigades Rouges, d'avoir encouragé l'insurrection contre les institutions italiennes ; outre l'assassinat d'Aldo Moro, il doit répondre de dix-sept autres meurtres. À tort ou à raison, je le crois innocent. Lavé de toute accusation, il est cependant condamné à trente ans de réclusion. Il fuit l'Italie à bord d'un petit bateau, et choisit de se cacher en France. Le manuscrit qu'il me confie est son journal. De février à novembre 1983, un homme se raconte. Il parle de la prison et de l'exil. Nous nous revoyons souvent, dans des cafés. Jamais les mêmes, jamais aux mêmes heures. Il est injoignable, pas d'adresse, pas de téléphone. C'est un clandestin.

Me parlant de lui, Toni Negri me parle de ma famille, de Turin. Comment vivre lorsqu'on est exilé dans son propre pays ? Tombée en disgrâce après la marche sur

Rome – je ne parle pas de celle de 1922, naturellement ! –, ma famille connut elle aussi l'exil… Naissance d'une légende familiale, digne et tenace. Création d'un mythe vivace : « Ton ancêtre a marché sur Rome, aux côtés de Garibaldi. C'était un aristocrate éclairé qui militait pour la démocratie et la République. Le pape Pie IX prononça à son encontre une irrévocable excommunication – valable jusqu'à la vingt-cinquième génération… » Mythe ou légende ? La vie est étrange ; si, passant devant la Mole Antonelliana, on poursuit la via Giuseppe Verdi en direction du Pô, on croise, sur sa droite, la place Aldo Moro et sur sa gauche la *via Marchese Roero Di Cortanze 1661-1747*, curieuse collision de l'Histoire ! Je m'y arrête, dans la vie et dans la fiction. Rue pleine de mystères, dans *Cyclone*, page 461 : « Avec ses immeubles aux façades jaunes et roses, au pied desquelles siégeait le vieil atelier ARROTERIA CISERO, *riparazioni d'oggetti d'Arte antica e moderna*, à la vitrine protégée par des volets à brisure gris. » Et ce passage qui fait suite à celui-ci, ajouté au roman après un nouveau séjour à Turin : « Turin, où l'on entendait parfois encore le bus à trolley grincer comme un vieux tas de ferraille, n'était donc pas tout à fait mort. Oui, ces rues sans trottoirs pavées de grandes dalles et cernées de hautes colonnes de marbre, semblables à un immense opéra à ciel ouvert, étaient bien là, dans leur décor de commerce et d'industrie, devant ces seuils, ces portes, ces cours closes, ces arcades. Turin était bien la ville des souvenirs qui s'entrechoquent, avec ses coins de verdure sombres, ses couvents rococo, ses villas émergeant de bosquets de

La via Marchese Roero Di Cortanze 1661-1747*, à Turin.*

sapins, ses cariatides, ses vieux écussons, ses bons crépis, ses ocres et ses bruns, ses pourpres, ses bleus frottés, ses verts dégradés, ses roses très fins, ses mélanges de chaux et de sable, ses galeries, ses places, ses églises, ses ponts, ses palais, ses théâtres, ses promenades publiques, ses établissements militaires ; Turin et ses boulevards plantés d'arbres, qui le ceignent et qui offrent une vue inoubliable sur la campagne et la montagne… »

L'idée d'écrire un livre sur ma famille est née de plusieurs « endroits », de nécessités diverses, mais sans doute, aussi, de ces discussions avec Toni Negri autour de l'Italie rouge et noire. Patriote italien, Ercole Tommaso veut que les Autrichiens quittent la péninsule, et c'est à contrecœur qu'il accepte l'aide de la France. Car Napoléon III, malgré tous ses discours, ne veut pas l'unité italienne, mais l'indépendance, qui laisse à Pie IX Rome et sa région. Après Magenta et Solferino, l'armistice de Villafranca est un coup de poignard dans le dos de l'Italie. Ercole Tommaso rejoint Garibaldi pour continuer une lutte qu'il estime inachevée. L'index de la main droite étrangement recourbé – signe distinctif des mâles de la famille –, il suit le « Héros des deux Mondes » à Palerme, à Naples et n'hésite pas à faire partie des troupes qui projettent d'envahir les États du pape. Ercole Tommaso est un pur, un innocent. Il n'est plus le vice-roi de Sardaigne, il n'a plus aucun soutien à la cour. Avec l'accord de Napoléon III, l'armée piémontaise envahit les provinces adriatiques des États du pape, bat les troupes pontificales à Castelfidardo, et stoppe les soldats de Garibaldi, qui vient s'incliner devant Victor-Emmanuel. Excommunication, exil.

Nous parlons de tout cela, avec Toni Negri, en cet automne 1985. De la période qui sépare février 1861, date à laquelle l'Italie est unifiée, de septembre 1870, qui voit les troupes gouvernementales s'emparer de Rome après un bref combat. Le pape Pie IX, captif volontaire, enfermé dans le palais du Vatican, excommunie le roi, ses ministres et ceux qui le soutiennent. Tandis que Rome devient capitale définitive du royaume d'Italie, Ercole Tommaso, blessé à Solferino, commence son long exil. Nous les Roero Di Cortanze, du Piémont, de Turin, des Langhe, du Montferrat, du Roero, nous ne cesserons jamais de parler de l'exil, et surtout lorsque, comme aujourd'hui, au cœur de cet automne 2000, je longe la via San Massimo… « Avec mon père, me disait Robert-Roberto, en hiver, surtout, et ne me demande pas pourquoi, on se promenait par ici des heures. On partait de la piazza Castello, on suivait les portiques de la via Po jusqu'au pont, en grignotant les *grissini* qu'on avait achetés au *Panificio ordine Domenica*, via San Massimo… »

Quatre millions de descendants d'Italiens vivent aujourd'hui en France. Petits-fils d'émigrés politiques ou d'ouvriers venus travailler dans les mines, les verreries ou les salines de l'Hexagone, petits-fils d'aristocrates déchus venus travailler comme chauffeurs de taxi, couturières, professeurs de piano, etc., dans certaines banlieues des alentours de Paris… Dans la France du XIXe siècle, cocardière et xénophobe, l'intégration italienne, contrairement à ce qu'on pense, ne s'est pas faite sans heurt. De Maurice Barrès, alors député boulangiste de Nancy, qui publie – ce qui n'étonnera personne – trois articles retentissants « Contre les étrangers », aux éditoriaux du socialiste Jules Guesde – ce qui en étonnera certains –, qui voit dans les Italiens des « barbares » et de « nouveaux Sarrasins », le consensus national est entier : l'Italien campe sur le territoire du pays des droits de l'homme comme une armée en territoire ennemi. Une image stéréotypée fait de l'Italien un briseur de grève et un anarchiste, un turbulent et un malpropre, un joueur d'accordéon et un paresseux qui ne se contente pas de voler le pain des Français mais lui subtilise accessoirement sa femme. Souvenez-vous du *Volpone* de Jacques Tourneur : l'Italien selon Bertin-Mahgit est « cupide, usurier, rapace, escroc, violeur »… « Le rital, au poteau ! », nous avons entendu cela toute notre enfance, nous les fils et petits-fils d'Italiens. Ma mère, en juin 1940, avait dix ans. De bonnes petites Françaises, compagnes de cours de récréation, jetèrent des pierres dans les vitres de sa maison. Quant à la boulangère chez laquelle elle travaillait le jeudi et le samedi, elle préféra faire appel à une autre fillette pour l'aider à vendre ses baguettes et ses brioches !

Mon grand-père me parla souvent de son arrivée en France, à Marseille. À cette époque, les manifestations contre les transalpins, dues, pour la plupart, « à des accès de xénophobie du prolétariat français » (cf. *L'intégration italienne en France*, Pierre Milza), sont très violentes. À Marseille donc, mais aussi à Nice, à Uzès, à Toulon, à Joinville, à Aix-les-Bains, les nervis envahissent les épiceries tenues par les « ritals », saccagent les cafés où ils se réunissent, font régner la terreur dans les quartiers à forte majorité italienne. Les jets de pierres et les coups de gourdins sont monnaie courante, les actes de sauvagerie sont quotidiens. À Aigues-Mortes, une rixe entre ouvriers ira même jusqu'à se terminer en un massacre tristement « célèbre ». Parmi les rescapés, beaucoup seront arrêtés ou expulsés. En ce temps-là, un certain Wlocevski avait proposé de placer la population italienne « sous une étroite surveillance dans des camps de concentration », tandis que certains éditorialistes et hommes politiques se plaignaient du nombre de « malades italiens dans les hôpitaux français ». En ce temps-là, un débat s'était instauré : faut-il privilégier le droit du sang (*jus sanguinis*) ou le droit du sol (*jus soli*) ? En ce temps-là, on avait beaucoup parlé de la « protection du travail national », et de la « préférence nationale ». C'était il y a plus d'un siècle. J'ai le sentiment qu'aujourd'hui, en France, certains mécanismes d'exclusion perdurent.

Devant moi, la piazza Vittorio Veneto, puis le ponte Vittorio Emanuele I° ; dans le prolongement la *Gran Madre di Dio*. Je me souviens d'une photo de Carlo Brogi, datant de 1884 : au fond se dessinaient les collines et les Alpes. C'est ainsi que les membres de ma famille voyaient Turin. Une autre vue de Carlo Brogi, prise depuis le *Palazzo Madama*, montre un Turin dans la brume, rues rectilignes, façades et toits, et derrière, dans le lointain, ces collines basses, pleines de gorges et de crevasses avant les montagnes et les neiges éternelles, comme on dit – nous en reparlerons…

Nietzsche arrive pour la première fois à Turin le 5 avril 1888, il y deviendra fou, à l'âge de quarante-quatre ans. En août 1950, Cesare Pavese s'y suicide ; il est âgé de quarante-deux ans : « Toutes mes images ne seraient-elles pas autre chose que d'ingénieuses variations sur cette image fondamentale : tel mon pays natal, tel je suis ? Le poète serait une image incarnée, inséparable du terme de comparaison régionaliste et social du Piémont » (*Le Métier de vivre*, 11 octobre 1935). Je reviens à Nietzsche. Dans une lettre à Carl Fuchs, envoyée dès son arrivée à Turin, il note combien les places de cette ville sont « graves et solennelles », combien tout y semble sans prétention, propre, « bien plus digne que je ne m'y attendais », et s'extasie devant la profusion et la grandeur des cafés : « Les plus beaux que j'ai jamais vus… » Il me reste un peu de temps avant la rencontre au théâtre Carignano, juste assez pour aller m'asseoir au Caffé dei Fratelli Fiorio, via Po. Au XIXe siècle, il était le repaire des *codini*, les membres du parti conservateur, tandis qu'en face, sur la place, le San Carlo était le lieu de prédilection des jeunes intellectuels du Risorgimento. Les guides touristiques affirment que rien n'a changé depuis ces temps immémoriaux, et qu'il suffit de plonger ses lèvres dans un chocolat chaud pour revivre tout soudain les « débats passionnés » de l'époque. Expérience peu probante en ce qui me concerne. J'étais venu à Turin avec la liste des cafés fréquentés par Ercole Tommaso, mon arrière-grand-père et Roberto, son fils, ou par celui qui vit soudain surgir Diodata dans la vie de mon grand-père. Tous avaient disparu. Le Cambio, où l'on pouvait déjeuner à la fourchette ; le Madera, où l'on trouvait, outre les journaux italiens, quelques journaux anglais et français ; le Ligura, vis-à-vis de l'embarcadère du chemin de fer, très fréquenté à la belle saison, où l'on pouvait, dans la matinée, demander un *bicchierino*, mélange de chocolat, lait et café, et pour le déjeuner, un café au lait avec une crème double (*crema doppia*). Gérard-Georges Lemaire, dans un des nombreux ouvrages savants qu'il a consacrés à l'histoire des cafés littéraires, cite un poème burlesque qui tournait en ridicule les mœurs pratiquées par les aristocrates bon teint et les réactionnaires ostentatoires fréquentant le Caffè Fiorio, surnommé pour l'occasion le « Café des catogans et des Machiavels » :

Le café Fiorio resplendit
et dans son humble grandeur
n'apprécie que des ossements
du temps de Noé.
(…) Là, parmi des vieillards prudents,
on raisonne d'État ;
chacun délivre tant de grandes idées,
de mensonges, d'invention !
Des projets naissent
entre l'eau fraîche et le thé ;
et vive les Machiavels
du noble Café.

Sous les lustres du vieux café, je n'entends ni la voix du comte Camillo Benso Di Cavour, ni celle du roi Carlo Alberto, qui a pour habitude de demander à ses ministres en plein conseil : « Que s'est-il dit aujourd'hui au Fiorio ? » Entre les grands miroirs, les fauteuils cramoisis, les piliers rococo, dans le confort et l'intimité relatifs des salles bruyantes, je reviens dans mon appartement parisien de l'automne 1985. Il fait de plus en plus froid. Devant les rayons dévastés de ma bibliothèque, je regarde l'image de la Madonna del Rocciamelone, offerte à son retour de Terre sainte par le cavaliere crociato Bonifacio Roero o Rotari, Patrizio di Asti, le 1er septembre 1358. La Roche-Melon, comme l'appellent les Suisses du Valais, est un des plus hauts tabernacles du monde. Tous les ans, depuis cette date, des pèlerins accomplissent l'ascension qui les mène à la chapelle de Notre-Dame-des-Neiges, *la Madonna della Neve*, pour déposer en son sommet le triptyque de bronze, commandé par mon ancêtre, qui repose aujourd'hui dans la cathédrale de Suse : *un trittico in bronzo, alto 55 cm, con un'apertura di cm. 50 e riproducente a sbalzo la Madonna col Bambino seduta in trono e affiancata ai lati da altri personaggi (tra cui il Roero).* Une inscription en caractères gothiques dit : « *Hic me portavit Bonifacius Rotarius civis astensis in honore domini nostri iesu X et beate marie virginis a.d.ni MCCCLVIII die p. mo septembr.* » « Moi, Bonifacio Roero, citoyen d'Asti, l'ai apportée jusqu'ici en l'honneur de notre Seigneur Jésus Christ et de la Très Sainte Vierge Marie, en l'an de grâce 1358, le 1er septembre. » Lors de mes randonnées estivales dans les montagnes, je pense souvent à la petite Vierge de la Rocciamelone, et me promets d'y monter un jour, pour mettre mes pas dans ceux du croisé Bonifacio

LA MADONNA DEL ROCCIAMELONE

Il 1 Settembre 1358 il Cavaliere Crociato Bonifacio Roero o Rotario, Patrizio di Asti, a sciogimento di un voto da lui fatto durante la sua prigionia presso gli infedeli in Oriente, portava sulla vetta del monte Rocciamelone (m. 3537 in Valle di Susa) e deponeva in una Cappelletta da lui ivi fatta costruire, un pregevole trittico in bronzo che si conserva attualmente nella Cattedrale di Susa. Ogni anno, al 5 di Agosto, il Trittico Rotariano viene portato processionalmente in vetta al monte Rocciamelone che è uno dei più elevati tabernacoli del mondo.

Le 1er septembre 1358, Bonifacio Roero crée le pèlerinage de la Roche-Melon. Tous les ans, depuis cette date, les pèlerins accomplissent l'ascension qui les conduit à la chapelle de Notre-Dame-des-Neiges.

et tenter ainsi de racheter les vingt-cinq générations d'excommunication ! *Sanctus, sanctus, sanctus dominus deus Sabaoth.*

Que faire de ce passé piémontais ? La littérature réserve toujours des surprises, joue avec les contingences, met en branle des processus qui échappent, fabrique de l'imprévisible. Ainsi, après la publication des *Vice-rois* et de *Cyclone*, ai-je reçu plusieurs lettres, et parmi elles certaines très particulières. Celle de Lorenza Menini : « Je suis la nièce de tante Feridah, la sœur de votre grand-père. Ma mère n'a plus aucune nouvelle de la *famille*, je voudrais… » Celle d'Anna Bologna : « Je suis la petite fille de la personne qui, jadis à la fin du XIXe siècle, a acheté et a vécu au château de Cortanze… Je suis arrivée à Cortanze à l'âge d'un mois, et mon histoire d'amour avec lui a commencé en devenant le lieu de mes rêves et de mon bonheur… » Et cet article de *La Nuova Provincia*, envoyé par Natale Ferro : « *Il rifugio Ca' d'Asti sul Rocciamelone…* » Et cet autre de Mara Martellotta, dans *Itinerari in Piemonte* : « *Architetture, protagonisti e vicende di un grande castello astigiano. Dal medioevo al romanzo storico di Gérard Roero Di Cortanze, erede degli antichi proprietari.* »

Quelle bizarrerie : sortir de ma chambre à Turin, c'est m'exposer au flot continu des souvenirs, ancêtres et enfance mêlés. Mélange des temps et des espaces, relativité, dilatation. Je ne suis plus à Turin à l'automne 2000, assis à une table du Caffè Fiorio, mais projeté quarante-quatre ans en arrière dans un cinéma de quartier. Le rouge des fauteuils y est sans doute pour quelque chose !

Je m'écoute me narrer mon enfance : « À huit ans, je ne savais pas que Grenade existait et qu'une forteresse, érigée par les partisans de l'émir omeyyade Abdallah pour échapper aux paysans révoltés de la *vega*, portait le nom d'Alhambra. Mon Alhambra était un cinéma de quartier, au bout de la rue des Rosiers – en face d'un garage Michelin. Nous y allions tous les dimanches, à la séance de seize heures : mes parents, mes grands-parents, mes cousins, mes cousines, mes oncles, mes tantes. Le matin, nous nous étions rendus à la messe ; le midi, nous avions mangé un poulet avec des frites ; nous étions endimanchés. Les costumes sentaient la naphtaline et les femmes le parfum bon marché. L'illustre et orgueilleuse famille, descendant du vice-roi de Sardaigne, occupait, dans un vacarme assourdissant, une rangée entière. Là, des drames familiaux se nouèrent, des tyrannies domestiques s'épanouirent, des destinées choisirent des itinéraires sans retour.

À cette époque, la publicité n'existait pas. On lui préférait un mot charmant et désuet : la *réclame*. Une réclame en noir et blanc qui vantait les mérites du savon Cadum, les cubes de bouillon Liebig ou la Boldoflorine, la bonne tisane pour le foie. Si le départ vers la salle, qui n'avait rien d'obscur, donnait lieu à de complexes stratégies, l'installation sur la dixième rangée, à gauche en partant de l'écran, était un rituel dont la fin annoncée se matérialisait inévitablement par une de ces gifles magistrales dont les adultes ont le secret. Mon grand-père Robert-Roberto – douloureux prince de Salina en exil – occupait toujours le centre de la rangée ; entouré, sur sa gauche, des oncles qui parlaient automobile ou politique, et, sur sa droite, des tantes qui s'échangeaient des recettes de cuisine ou évoquaient leurs fausses couches. Les enfants occupaient l'extrémité droite de la rangée, près du couloir central, près de la sortie en cas d'incendie, près des toilettes auxquelles nous conduirait une grand-mère claustrophobe qui nous faussait régulièrement compagnie pour aller prendre l'air…

À l'entracte, tandis que se démenaient sur la scène des jongleuses aux bas troués et des clowns qui ne faisaient rire qu'eux-mêmes, jaillissait d'une porte à deux battants munis de hublots, une ouvreuse. Lestée d'un panier en osier rempli de « délicieux desserts glacés » dont la consommation attendue avec véhémence conférait à jamais à ces après-midi un caractère exceptionnel, elle ondulait comme Silvana Mangano dans *Riz amer*. Mais le moment suprême, attendu entre tous, était, bien évidemment, celui où la crainte très courte de l'obscurité cédait bientôt la place à la lumière et aux sons venus de l'écran. Les images qui défilaient alors sous nos yeux reconstituaient un morceau de cette réalité quotidienne qui nous échappait. Ils n'étaient ni du rêve ni du mensonge. Ils n'annonçaient aucun futur radieux ; ils n'occultaient aucun présent décevant ou nauséabond. Ils étaient à la fois des choses simples et des instants compliqués. Ils faisaient complètement partie de notre vie. Comme dans *Zelig*, le film de Woody Allen, ils n'étaient que le déclencheur qui permettait de passer d'un état à un autre état. J'étais John Wayne dans *L'Homme tranquille* ; Martin Lassalle dans *Pickpocket* ; le visiteur dans *La Chute de la maison Usher* ;

le prince Charmant dans *La Belle et la Bête*. Ce cinéma-là ne m'a jamais fait rêver. Bien au contraire, j'ai toujours pensé que cette vie traversait la mienne, s'endormait et se réveillait avec moi. Le jour de ma première communion, j'ai joué *Zampano* sur les marches de la cathédrale et l'on me promit l'excommunication (je l'étais déjà !). Un soir de distribution des prix, dans la cour de l'école Saint-Joseph, plus casuiste que jamais, j'ai cité *Un chien andalou*, et le léger nuage qui passe devant la lune, et la lame de rasoir qui traverse l'œil de la jeune fille en le sectionnant. Je déclenchai un beau scandale sous le regard effaré de ma mère qui se demandait quel monstre elle avait mis au monde. Mettre au monde, tel est peut-être le rôle de ce cinématographe d'un autre âge qui fut le mien et celui sans doute de toute une génération.

John Ford disait qu'il essayait de « raconter visuellement », qu'il était un homme de cinéma muet, qu'il essayait d'obtenir un équilibre entre le drame et l'émotion. Au fond, il y avait tout cela dans cet Alhambra de Saint-Ouen qui ne fut jamais synonyme de délassement, de divertissement pascalien – à mes yeux tout du moins. Les Indiens qui passaient à cheval dans le fond de l'écran me ramenaient à mon drôle de séjour parmi les hommes. J'étais, moi aussi, un Indien parmi les tuniques bleues, un Peau-Rouge sans cesse en quête de ruse, pour survivre, au milieu de tous ces Blancs qui possédaient le savoir et l'autorité. Je ne sais trop ce qui me jeta dans les bras de la littérature plus que dans ceux du cinéma. Sans doute, ce trop-plein de réel qu'a toujours constitué à mes yeux l'écran même, ouvert par le double rideau de velours rouge. Quel étrange théâtre que cette scène où l'on pouvait voir une jeune femme (Madeline) entrer doucement dans une salle, portant une nouvelle toilette de bal, blanche, légère, vaporeuse, glisser devant un peintre (Roderick) à la fixité hagarde ; ou un poète être accusé d'innocence, c'est-à-dire d'atteinte à la justice, ou des amants poursuivis par la fatalité de la nuit, ou un héros solitaire fuir une ville en proie à la peur.

Au beau milieu de ma famille turinoise aux rives infimes, au plus profond de son cœur sauvage, j'attends la fin du film en espérant que le prochain m'apportera les réponses que celui-ci n'a pas su me donner. Enfance : alors ma vie était un long film tranquille, une suite de scènes, de plans-séquences sans conséquence. Chaque arrêt, chaque ralenti me permettaient de me retourner : de prendre mon temps. Je faisais le point. Ma mise au point. Tel élément de tel film permettait de construire tel pont pour rejoindre telle ou telle autre scène. L'Alhambra de Saint-Ouen était une cathédrale dont les portes s'ouvraient en payant. En retour, une femme portant une perruque, les lèvres peintes comme ses ongles, vous donnait un chapelet de tickets bleus. Nous avions institué une règle : plutôt que de briser le chapelet de tickets pour satisfaire chaque enfant, notre « Guépard » familial donnait chaque dimanche à un enfant différent – lorsque son tour était venu – la totalité du chapelet. J'ai longtemps traîné avec moi, dans une boîte à biscuits en fer peinte, ces billets, consciencieusement pliés. Ils étaient la preuve tangible que ces séances avaient bien eu lieu, qu'elles n'étaient pas le fruit de l'âme fourbe d'un écrivain qui veut à tout prix se fabriquer un passé. Leur perte me fut très douloureuse.

Il serait incongru de soutenir que cette disparition me contraignit à « voir » d'un autre œil ce que d'aucuns se plaisent à appeler le « septième art ». Mais le moule était cassé, comme aurait dit ma grand-mère, claustrophobe et anglaise. Dans ma boîte étaient enfermées des années de cinématographe, des années de personnages, de lieux, de peurs, de joies. Chaque petit ticket bleu est un personnage, qui fait la ronde, une danse de mort comme à la fin du *Septième Sceau*, le film si sombre de Bergman. Buster Keaton donne la main à Monsieur Hulot, Heurtebise à l'impératrice Yang Kwei Fei, Andréina à Calvero, Frank Skeffington à la reine Christine, Tristana à Rita de Shanghaï, Lola Montès à Joseph K… La liste est interminable… On pourrait y ajouter les héros des cafés turinois : Georg Franz Kolschirzky, Cibrano, Jean-Jacques Rousseau, Giacomo Casanova de Seingalt, Cesare Alfieri, Lisio Santarosa, Silvio Pellico, Giovanni Prati, etc.

Il y a quinze ans, pour les besoins d'un film tourné pour ce qui s'appelait depuis peu de temps TF1, j'ai retrouvé les fauteuils rouges de l'Alhambra de Saint-Ouen. Rien n'avait véritablement changé. La salle me parut immense. Je découvris un balcon, persuadé que l'album ne comportait que des places d'orchestre – celles du dixième rang à gauche en partant de l'écran. Rien, non, rien n'avait changé : le rouge des fauteuils s'accordait désormais à l'étymologie du mot *alhambra* qui signifie *rouge* en arabe. Les quarante-quatre années qui me séparaient de ma première vision de l'Alhambra m'avaient fait don d'une étymologie !

La *famiglia*, Saint-Ouen, Turin, tout se mêle. Tout n'est qu'enfance. Tout n'est que décision d'enfance. Écriture et enfance, et souvenir, et poésie : Pavese a évidemment raison ! Mara Martellotta, correspondante de *Itinerari in Piemonte*, me demande : « Y a-t-il des représentants des Roero Di Cortanze que vous vous rappelez avec plaisir ? » Voici ma réponse : « Mon grand-père, mon arrière-grand-père, mon arrière-grand-mère qui me donna, sur son lit de mort, une version très personnelle de notre histoire familiale. Mais je dirais presque surtout l'extraordinaire galerie de portraits des ancêtres qui vivent à mes côtés comme des fantômes bienveillants : le cavaliere crociato Bonifacio Roero o Rotario Patrizio di Asti, le pèlerin, donc ; Giambattista Roero, le cardinale ; Tommaso Roero Di Cortanze qui fut gouverneur de Cuneo et de Nizza et *comandante generale di tutte le truppe sabaude* ; Diodata Saluzzo-Roero, poétesse très romantique qui écrivait des drames en vers ; Carlo Osvaldo Cesare Aventino, auteur d'une curieuse étude : *Il the in Italia* ; Ercole Tommaso Roero Di Cortanze, vice-roi de Sardaigne, qui faisait dire à mon grand-père s'adressant à moi : « Ce n'est pas parce que tu descends d'un vice-roi de Sardaigne que tu ne dois pas être poli, bien au contraire ! » *Vicerè*, expression qui appartient à mon patrimoine familial… Voilà pourquoi j'ai donné ce titre à mon roman. Federico Di Roberto m'a sans doute pardonné…

Écrire, c'est avant tout lire, s'ouvrir aux autres, absorber, prendre. Cette double appartenance italo-française m'a contraint, dès l'enfance, à regarder l'autre avec intérêt. Quelle richesse que la différence, et quel appauvrissement que la « souche pure », qui est la porte ouverte à toutes les dérives. Je me sens comme un banquier qui se regarderait dans une glace et se dirait : « Enrichissez-vous ! Enrichissez-vous en lisant les autres, en acceptant ce qui ne vous ressemble pas. » Le XXIe siècle sera un siècle de tolérance, d'acceptation, d'ouverture, ou ne sera pas. Oui, aux racines, oui aux traditions, mais toujours dans la perspective d'une plus grande ouverture. N'est-ce pas d'ailleurs la chance de l'Europe d'aujourd'hui ? Une identité *extraterritoriale* puissante, d'un côté ; de l'autre, des pays et des régions forts. C'est une évidence : avancer dans la connaissance des autres est la meilleure façon d'avancer dans la connaissance de soi.

Avant de quitter le Caffè Fiorio, pour me diriger vers le théâtre Carignano, je regarde les consommatrices et les consommateurs, leur visage, leur façon d'être. Baretti affirme que l'une des qualités qui distinguent les Piémontais des autres Italiens est, chez eux, « l'absence de gaieté ». L'Italien est jovial, allègre, « porté naturellement aux plaisirs bruyants », ajoute Baretti. Qu'un étranger traverse les villes du Piémont, et « il verra bien vite, sur les traits de leurs habitants, l'empreinte d'une sorte de mélancolie, de gravité ». On dit les Piémontais taciturnes, durs, économes, travailleurs, anguleux, attirés profondément par le silence et la solitude. J'ai sous les yeux plusieurs photos très anciennes prises de la ville de Cortanze et de ses habitants. Chacune possédant sa légende et son atmosphère propres : *La trebbiatura agli inzi del'900, Cortanzesi in gita cinquant'anni fa, Cortanzesi ad una festa pubblica, Alunni di scuola elementare (1920 circa)*... Que représententelles ? Ici des paysans autour d'une antique moissonneuse-batteuse, des enfants entourés par leurs parents et des prêtres en soutane, là toute une réunion d'hommes leur chapeau sur la tête, une classe d'élèves studieux, cheveux très noirs ou crânes rasés. Chez tous, oui, une belle gravité, une certaine mélancolie. Durs et taciturnes, ces visages, mais si beaux, si fiers, regards droits, port ferme. Tous morts aujourd'hui.

Je confronte ces photos à celle de Roberto à Quiberon. Même dignité, même mélancolie, même dureté, même « austérité ». Mon grand-père voulut toujours inculquer à ses enfants et ses petits-enfants quelques grandes valeurs fondamentales et fondatrices. Un marquisat, disait-il souvent, est, à l'origine, un territoire que le marquis se doit de défendre. Les gens doivent s'y sentir heureux, s'y épanouir. En contrepartie, le marquis leur assure respect mutuel et protection. Sois juste, honnête, respecte les autres. Sois ferme, ouvert, généreux, aime les arts et le monde, vénère la culture car un homme sans culture n'est rien. Par « culture », il n'entendait pas uniquement la littérature, la musique, etc., mais une forme de « connaissance » plus large : celle du boulanger qui pétrit son pain, du vigneron qui connaît ses vignes. Un savoir de la vie, et qui passe, me semble-t-il, en Piémont, oui, par une certaine dureté, une austérité, un grand sérieux, un sens de la responsabilité, et de la réalité. En somme, l'homme au centre de sa vie, et qui sait dès l'enfance qu'il se doit d'avancer vers une mer inconnue. Celle dont parle François Mauriac, dans *Chemins de la mer* : « La vie de la plupart des hommes est un chemin mort et ne mène à rien. Mais d'autres savent, dès l'enfance, qu'ils vont vers une mer inconnue. Déjà l'amertume du vent les étonne, déjà le goût du sel est sur leurs lèvres – jusqu'à ce que, la dernière dune franchie, cette passion infinie les soufflette de sable et d'écume. Il leur reste de s'y abîmer ou de revenir sur leur pas. » J'ai choisi de m'abîmer dans cette mer connue-inconnue : Italie du Nord, Piémont, Turin.

Juillet 1957. La fameuse 203 Peugeot, mon grand-père et moi.
Derrière les montagnes : le Piémont.
C'est la première fois que je vais en Italie et que je me retrouve face au fameux château familial...

Venir à Turin en quête de plusieurs vies

Bonaparte en Italie, c'est le temps de la guerre. Les blés piétinés, les meules incendiées, le rythme des naissances et des morts bouleversé. Ne reste à Turin, du passage de Bonaparte, que le pont dit « de pierre » jeté sur le Pô. Il y aurait beaucoup à dire sur la fameuse première « campagne d'Italie ». Elle se termine, certes, sur un traité de paix imposé à l'Autriche, sur lequel figurent les signatures du pape, de l'empereur d'Allemagne et de Bonaparte, mais qui coûta à la population du nord de l'Italie beaucoup de sang et de larmes. Ce terrain d'opérations étant considéré au départ comme « secondaire », l'on fit peu de cas des populations prises dans cette guerre… Dans un premier temps, absolutisme des lois françaises : elles donnèrent l'égalité des droits civils aux habitants des vallées et aux Juifs, supprimèrent les privilèges des membres de l'aristocratie et de l'Église, mais aussi déstabilisèrent totalement la société. Dans un deuxième temps, c'est-à-dire après la deuxième campagne d'Italie et la chute de l'Empire en 1815, des régions à l'agonie. Frédéric Pajak, dans *L'Immense Solitude* : « La population a diminué d'un cinquième, des hordes de mendiants affligés par la faim et le typhus errent dans les rues, les familles des ouvriers abattus par le chômage quémandent la soupe dans les réfectoires des couvents. Même les petits bourgeois sont forcés de vendre et leur lingerie et leur mobilier pour avoir de quoi manger. » Quant à Rosetta Loy, née de père piémontais et de mère romaine, elle a abordé ce sujet avec beaucoup d'acuité dans *Le strade di polvere, Les Routes de poussière.*

L'histoire de ces trois générations de paysans aisés me remplit de nostalgie. Comme si les membres de cette famille étaient un peu les miens. Cette famille lointaine, presque oubliée, perdue dans son passé. Quand Rosetta Loy cherche ses propres racines, je lui emboîte le pas, certain que je vais rencontrer les miennes. Voilà à qui je pense, en me dirigeant vers le théâtre Carignano, ne voulant retenir de l'aventure napoléonienne en Italie que l'anecdote de la sœur préférée et rebelle, Pauline. Bonaparte lui avait confié la charge de gouverner Turin ! Comme c'était peu connaître une femme dont les mœurs étaient considérées comme volages et la beauté prétendument incomparable.

Veuve du général Leclerc, qui avait trouvé une mort tragique à Saint-Domingue, elle collectionnait les amants et les aventures tapageuses. N'était-elle pas allée jusqu'à poser nue pour Canova, le directeur des beaux-arts de l'Empire, qui en avait sans doute assez d'exécuter des portraits et des bustes du nouveau César… La future femme du prince Camille Borghese, s'ennuyant mortellement à Turin, délaissa la cité piémontaise et choisit de vivre sous d'autres cieux…

La nuit commence à tomber lentement sur Turin. Une nuit qui m'en rappelle une autre : juillet 1957. Comme toutes les fois où nous partons en vacances, mon père profite de ce que tout le monde dort dans la voiture pour augmenter la vitesse de sa 203 et ainsi descendre à tombeau ouvert vers Les Sables-d'Olonne, sa promenade du Remblai, sa rue de l'Enfer, qui, large de trente-trois centimètres est considérée comme la plus étroite du monde, sa course automobile autour du lac, etc., etc. À hauteur de Tours, je suis réveillé par une vive altercation familiale. Ma mère est en larmes, ma grand-mère traite son fils d'ingrat ; quant à mon père et à mon grand-père, ils sont sur le bord de la route, éclairés par les phares de la 203, prêts à en venir aux mains, deux silhouettes pathétiques gesticulant sur fond de forêt de conifères… Les deux femmes sortent à leur tour de la voiture qui sent les sandwichs au pâté et les Gauloises sans filtre. Puis, tout se calme. Tout rentre dans l'ordre. L'orage soudain, qui s'abat sur les protagonistes de ce vaudeville nocturne, incite ces derniers à se mettre à l'abri. « C'est entendu, hurle mon père, qui a un sens inné du théâtre et des décisions prises à l'emporte-pièce : puisque c'est comme ça, nous n'allons plus aux Sables-d'Olonne, nous partons pour Turin ! » Sous les éclairs, une pluie diluvienne, paysage d'apocalypse, tonnerre ! On n'y voit rien, sauf mon père qui ne veut pas s'arrêter, qui continue, qui plonge droit devant, fend la route, la N6, *la route de l'Italie*, pour reprendre le titre d'un livre remarquable de François Taillandier, et dont la dernière phrase reste à méditer : « La littérature est en définitive le seul témoignage que nous ayons sur ce qu'est le monde. » Donc : orage, route, lignes droites, virages, montagnes, plaines, frontière, émotion qui approche. Dix heures plus tard, exténué, enkylosé par les kilomètres parcourus, je me retrouve sur une place, en Italie, sous un soleil brûlant, dans un petit village juché au sommet d'une colline. Une église, une mairie, quelques ruelles, une rue principale où passe un chat noir énigmatique. Mon père me montre la plaque : *via marchesi Roero Di Cortanze.*

C'est la première fois que je me retrouve face au fameux château. C'est la première fois, et la dernière, que j'entends mon grand-père, qui a quitté l'Italie il y a plus de cinquante ans, parler en italien et murmurer : « *In stato di grave degrado e abbandono.* » Puis, il s'avance vers les grilles ouvertes, les touche du bout des doigts, fait quelques pas, s'engage dans l'allée aux dalles disjointes, me prend par la main, comme si, sautant une génération, il voulait que nous visitions ensemble « notre » château. Mais l'émotion est trop forte. Il retire doucement sa main qui tenait si fermement la mienne, pénètre dans la petite chapelle où il allait chaque vendredi communier, s'agenouille sur un prie-Dieu recouvert d'une couche de poussière venue d'on ne sait quel passé, et, la tête enfoncée dans ses bras croisés, pleure en silence. Du moins est-ce ainsi que j'interprète son geste. Car, lorsqu'il relève la tête, rien ne transparaît plus de son émoi premier. Il est redevenu digne, fort, indestructible, car un Roero Di Cortanze ne montre pas ses émotions. Mais un tremblement imperceptible agite ses lèvres, le trahit. Il ne sait pas que je l'ai remarqué. Je fais tout mon possible pour lui faire croire que je n'ai rien vu. Et c'est moi qui fonds en larmes. Mon grand-père me prend dans ses bras, me console, me porte : « Ne sois pas triste, pitchoune. Un jour tu comprendras. Un jour je te raconterai. » Alors, j'invente une histoire pour que la douleur de mon grand-père soit moins grande. Puisque nous allons aux Sables-d'Olonne, on pourrait construire le château sur la plage, comme ça on y pensera toujours, et on pourra même inventer des histoires, des légendes qui se passent au château. Mon grand-père me sourit. Le stratagème a donc réussi… Qu'elles sont étranges ces larmes qu'on se repasse, d'une génération à l'autre ! Mon grand-père est mort depuis longtemps. Je n'ai jamais pensé à lui demander s'il était tombé dans mon piège des fausses histoires et des châteaux de sable, ou s'il avait joué à faire semblant. Il est mort trop tôt pour savoir que j'écrivais. Il m'a fallu attendre cinquante ans pour tenir ma promesse, réaliser mon stratagème. Qu'ai-je fait d'autre, dans *Les*

Vice-rois, puis dans *Cyclone*, sinon peupler de personnages de roman un château de sable et écrire la fiction de la famille, sa réalité généalogique ?

L'art du roman, quand il plonge dans les racines familiales, intimes, quand il mélange ainsi fiction et réalité, présent, futur et passé, prouve, une nouvelle fois, que l'être humain n'est pas linéaire, qu'il avance par bonds, se trompe, hésite, est à ce point nihiliste que ses blasphèmes apparaissent souvent comme d'étranges preuves d'une croyance en Dieu. Je me souviens de mes longues conversations avec Roberto, cet homme qui n'a jamais dissocié la vie et l'engagement, qui croyait en la solidarité, et qui affirmait qu'il fallait se sentir responsable de la douleur d'autrui : « Cet engagement donnera à notre vie un sens qui nous fera dépasser la fatalité de l'Histoire. » Il avait connu l'exil, la peur, les tranchées, il avait tant perdu qu'il avait fini par changer de nom. Mais il puisait sa lucidité dans ses souffrances et dans ses doutes, il tirait son ardeur de sa vie qu'il sentait s'en aller, tout en sachant résister à cette part de lui-même qui était en train de disparaître. Que voulait-il me dire en somme, en pleurant dans la petite chapelle de Cortanze ? Qu'un rêve est tout ce qu'on veut sauf un mensonge, et que l'humanité perdue existe encore. Le combat pour la retrouver porte un nom : utopie.

Les images de ce mois de juillet 1957 sont à jamais fixées dans ma mémoire. Mon frère Dominique, qui avait un peu plus d'un an, ne se souvient évidemment pas de cette visite – chacun se fabrique ses pèlerinages –, il y retournera, lui, bien des années plus tard, avec mon père, alors que celui-ci était déjà très malade. Ils en rapporteront des photos terribles : en vingt ans, le château laissé à l'abandon était devenu le refuge de toutes les chauves-souris et de tous les fantômes du Piémont ! J'y suis retourné plus tard, à plusieurs reprises, avec ma fille notamment. Mélanie était âgée de quatorze ans. À cet âge, on se moque du passé, car on croit qu'il ne nous concerne pas, qu'il est l'apanage des parents. « Ras le bol des aristos déchus et de leur château plein de trous… », semblaient dire ses regards et ses sous-entendus. Plusieurs années après, elle est soudain attentive à ce passé qui est aussi le sien. Mon fils, Raphaël Lorenzo, a trois ans. Il chasse Baghera, la panthère du *Livre de la jungle*, avec son épée. Il ne sait pas encore qu'un morceau de ce qu'il est vient d'une région d'Italie du Nord située au pied des montagnes, et qu'un château sur une colline…

Ce château, et les histoires multiples, les mille et un récits qu'il renferme, me rappelle une nouvelle de Jorge Luis Borges que j'ai traduite, il y a vingt ans, et qui m'avait, alors, profondément troublé. Je comprends aujourd'hui pourquoi, et sans doute aussi pourquoi j'avais été le premier à la traduire en France. Elle s'appelle *La Mémoire de Shakespeare*. Herman Soergel, éminent angliciste, ne reçoit de Daniel Thorpe, major anglais ayant exercé ses fonctions dans le Punjab, rien de moins que la « mémoire » de Shakespeare, « celle de l'aube de sa vie, celle des premiers jours d'avril 1916 ».

Le don est fait à haute et intelligible voix. Celui qui la reçoit doit dire : « J'accepte la mémoire de Shakespeare. »

Le long du mur qui ceint l'usine du Carbone Lorraine, mon père ne m'a pas offert la mémoire des Roero Di Cortanze : il n'a fait que la réactiver. Le don, le vrai, est antérieur. Il remonte à cet après-midi de juillet 1957. Depuis, j'ai deux mémoires : celle de mes ancêtres et la mienne. Parfois, elles se confondent. Cette mémoire proliférante peut surgir à n'importe quel moment de la nuit ou du jour, alors que je feuillette un livre, au détour d'une rue, à l'évocation d'un souvenir, lors d'une discussion. Les contingences, selon leurs mystérieuses habitudes, agissent là où elles veulent, et quand elles veulent.

À la différence de Herman Soergel, qui finit par vouloir se débarrasser d'un présent trop lourd, je n'en ai nulle envie, nul besoin, nulle possibilité. La mémoire de l'homme n'est pas un mille-feuille, à l'intérieur duquel les sensations et les souvenirs s'entassent, c'est un désordre infini de possibles et de non-possibles. Saint Augustin évoque les « palais et les grottes » de la mémoire. Herman Soergel est entré dans ces grottes. Moi, je les porte en moi, je les fabrique. À mesure que je les évoque, j'en crée d'autres, j'invente d'autres gouffres, d'autres trous, d'autres cavernes, des antres et des puits profonds où je tente de vivre avec mon passé.

Plus qu'un poids sur les épaules, ce passé est un trou dans le ventre, un grand trou noir dans mon souvenir, qui me happe. Ma vie dépend à jamais de ce matériau lointain et inconnu vers lequel je cours depuis l'enfance.

Que peuvent la mémoire, l'entendement, la volonté face à cette force ? La littérature, cette discipline marginale de l'âme, ne m'est pas d'un très grand secours, même si, appliquant à la lettre la suggestion d'Heidegger, je ne fais pas de la commémoration mais de l'Histoire vivante : à partir d'aujourd'hui. L'écriture éclaire, par instants fugaces, une piste, puis la piste se perd, les mots m'en font perdre la trace. Les mots mentent. D'un côté, le roman réaliste ; de l'autre, la biographie documentaire. Entre les deux : la vie.

Au fond, que cherche l'écrivain ? Alberto Moravia se voulait un écrivain complet. Député européen, participant actif des grands débats d'idées qui traversèrent l'Italie des années soixante-dix, il fut aussi un éminent critique de cinéma – cet art apparenté au roman, qui, tout comme lui, raconte la durée –, et fut, jusqu'à un âge avancé, envoyé spécial de différents journaux italiens, notamment en Afrique. Mais voilà, que cherche l'écrivain ? Oui, qu'allait chercher Alberto Moravia sur ce continent qu'il qualifie lui-même de « symétrique inversé de l'Europe », et où il situa l'action de ses *Promenades africaines* et de son dernier roman, *La Femme-léopard* ? Hemingway cherchait en Afrique les sensations de son enfance perdue et les traces improbables de son père. Moravia sait que le monde est double, que les hommes et les femmes sont en équilibre sur la frontière du Moi et du Surmoi, qu'un adolescent effrayé à l'idée d'être différent des autres, impatient de devenir adulte, c'est-à-dire comme tout le monde, « normal », peut pencher, dans l'Italie de Mussolini, du côté du fascisme – c'est le sujet du *Conformiste*. En Afrique, Moravia se retrouve face à lui-même. Il peut enfin méditer sur les mots d'Heinrich von Kleist qui le hantent – « La vie n'a rien de sublime sinon qu'on peut s'en débarrasser d'un geste simple » –, et sur l'idée fondatrice de son écriture : l'écrivain ne cherche pas vraiment à dire quelque chose, il tente seulement d'éclairer son mystère, ses incohérences, son incessante mobilité, ses conflits, ses déchirements.

L'écrivain est en butte à toutes les attaques, à tous les contresens, aux erreurs de perspectives, à la mauvaise foi, à la bêtise, à la jalousie. J'évoquais Moravia. Souvenez-vous, en 1952, il publie un recueil de nouvelles, *I racconti*, qui reçoit le prix Strega. Pie XII et les autorités ecclésiastiques voient là une occasion rêvée pour mettre son œuvre à l'Index, tout comme celle d'André Gide… Ainsi peut-on lire sur la même page de l'*Osservatore romano*, et en latin, deux colonnes se faisant face. L'une est consacrée à Moravia, l'autre à André Gide. La première condamne des livres qui sont considérés comme des « fables érotiques ». La seconde reproche à l'écrivain français de propager des « théories immoralistes ».

Pourquoi un tel scandale ? Parce qu'au-delà de l'angoisse congénitale dont font preuve tous les personnages de Moravia, traversés par l'ennui, l'indifférence, le désespoir, nous assistons toujours, dans cette œuvre fascinée par l'ambiguïté et les fantasmes, au triomphe de l'amour. Et l'amour est toujours subversif. Parce qu'il est la reconnaissance du réel en dehors de soi, et parce que la seule clef à pouvoir ouvrir le réel est cette chose mystérieuse et commune qu'on connaît sous le nom de sexe. Quoi d'autre ? Que l'infidélité du sexe peut être une défaillance, mais que celle du cœur est toujours un désastre. Ce que n'ont pas compris ceux qui censuraient Moravia. Son engagement, comme celui de Pasolini ou de Sciascia, trouve ses racines dans quelque chose de très confus, mais, à mon sens, de très réel, de concret, et qu'il faut bien appeler *sentiment religieux*.

C'est étrange, cet afflux de souvenirs, de choses vues, de livres lus, ce passé qui s'épanche dans les rues de Turin, via Bogino, via Maria Vittoria, via Carlo Alberto, à mesure que se rapproche l'imposant bâtiment du Teatro Carignano, là où Luisa de La Voûte et Ercole Tommaso auraient pu se croiser pour la première fois. Passé-présent vers quoi je me dirige. Quel curieux tassement du temps, virevolte, spirale, diagonale relative où je vais bientôt prononcer un discours : mes retrouvailles avec un lieu chéri par mes ancêtres. Le théâtre Carignano, construit sur les dessins du comte Alfieri, où furent représenter pour la première fois les tragédies de son illustre neveu, Vittorio Alfieri, le natif d'Asti, *Antoine et Cléopâtre, Antigone, Sofonisba, Saül* : « Tout est neige alentour : les Alpes, et les monts... » *Piemonte, Piè di monte*... Le théâtre Carignano, incendié en 1787, réédifié sur le même plan. Il pouvait contenir treize cents personnes, était ouvert presque toute l'année ; outre des pièces, on y exécutait également des opéras et des ballets. Je garde chez moi une relique familiale, un billet d'entrée au parterre : 1,50 lire...

Toute la mémoire d'une famille dans un billet… Cette mémoire, léguée par mon grand-père et mon père, sans doute devrai-je un jour l'offrir à ma fille, à mon fils, qui l'offriront, la passeront à leurs enfants. Ce passé, parfois je le touche presque, avec crainte ; parfois ce grand fleuve me menace et me submerge : j'y oppose le faible débit de ma vie. Parfois, les choses quotidiennes me sont difficiles à appréhender. Je suis écrasé par mes deux mémoires.

Je soupçonne mon grand-père d'avoir pensé que son fils ne supporterait pas le poids de cette mémoire, et de me l'avoir directement transmise sous les croisées d'ogive de la petite chapelle du château familial. Peut-être voulait-il protéger son fils, qui ne pouvait à la fois assumer le malheur du père et supporter la mémoire de la famille. Je revois à présent la scène avec une étrange netteté, le costume froissé de mon grand-père, ses yeux très bleus, sa petite moustache bien taillée. Nous ne sommes restés que quelques minutes dans la cour du château. J'ai vu le grand chêne, le puits, la jetée d'escalier, le blason, les tours crénelées, le labyrinthe de buis, où tant de secrets durent être révélés. En quelques minutes, mon grand-père a revécu tout le poids des années passées au château, des souvenirs, tout le poids de celles écoulées en exil, loin de la chambre au papier bleu, loin du cimetière où il volait des roses pour sa mère américaine. Comme frappé par la foudre, et sans me demander mon avis, il m'a offert l'antique mémoire, sachant que j'étais consentant, que je saurais quoi en faire… Car il savait que, tout comme lui, je pense qu'il est inutile de se nourrir d'abstractions et de doctrines, que ni

Le théâtre Carignano à Turin. Luisa de La Voûte et Ercole Tommaso y assistèrent à une représentation de l'Elisir d'amore *de Donizetti. Cent vingt ans plus tard, je prononce sous les mêmes lambris un étrange discours :* « Le mie radici »...

l'une ni l'autre ne peuvent sauver ; qu'il faut préférer les sentiments aux idées, les fables humaines aux cauchemars de l'Histoire. Tout est tellement clair aujourd'hui, que les paroles prononcées par mon père, lui aussi face à sa propre détresse, me blessent encore le cœur, comme elles ont dû blesser mon grand-père, si digne, si secret, en cet été 1957 : « Tu l'as revu, ton château, alors maintenant tu ne vas plus nous emmerder ! »

Voilà, il fait nuit. Je suis devant la façade du Teatro Carignano. On dit de Benedetto Alfieri qu'il est le maître de l'architecture piémontaise. À juste titre, puisqu'il sait réunir en une synthèse originale le style de Guarini et celui de Juvara. Premier architecte civil du roi de Sardaigne, il était le bâtisseur de la cour et de la noblesse à l'époque où Turin était en pleine rénovation. Outre le théâtre Carignano, il travailla à de nombreux autres édifices turinois, parmi lesquels le palais Chiablese, le palais Morozzo della Rocca, le palais du Sénat, le manège de l'académie militaire (inachevé). Mais les amoureux du trop méconnu baroque piémontais doivent s'arrêter à Alexandrie, pour y voir son palais Ghilini ; à Asti, où il a agrandi le palais Alfieri, et dessiné la façade du palais Ottolenghi. À Milan, ce sont les façades sur jardin du palais Sormani. À Vercelli, c'est la façade de la cathédrale. À Novare, le clocher de l'église San Gaudenzio. À Carignan, la cathédrale, avec son plan en éventail et sa façade concave construite en briques.

Ce Turin-là n'est pas le Turin de Pavese, celui des *Fumeurs de papier*, de la misère ouvrière, des injustices, de la mélancolie funeste des usines, des parts d'ombre de la tristesse. C'est le Turin de la maison de Savoie, une ex-capitale impériale, qui connut au XIXe siècle un déclin sévère, dont les traces restent encore visibles aujourd'hui. Une ville entre deux, une cité du basculement. Giorgio Manganelli le dit très bien : « Quand, il y a une dizaine d'années, je commençai à fréquenter Turin avec une certaine assiduité, il m'arriva d'être la victime consciente de son charme. Elle m'apparaissait comme une ville à la fois pythagorique, nordique, XVIIe siècle, courtoise ; elle fleurait l'encens de hiérarchies ecclésiastiques éteintes, tout paraissait noble, clair et à la fois moderne. Turin vantait une histoire intellectuelle récente d'un prestige singulier. C'était une ville aux lunettes cerclées, bibliophile et éclairée. »

Je suis devant la façade du théâtre Carignano, et je pense à l'âme des villes, à ce qu'elles nous livrent d'elles-mêmes, nous concèdent. Prenez Trieste, par exemple : elle n'a rien de Turin. La visitant, au début du siècle, Hermann Bahr, célèbre dramaturge et critique viennois, disait d'elle : « Ce n'est pas une ville. On a l'impression d'être nulle part. J'ai eu la sensation de planer dans l'irréel. » Ce caractère *indéfinissable* est l'essence même de cette cité émiettée, inventée par la littérature, faite d'éclairs et d'absences, à l'image du temps qui passa, de l'aube du XVIIIe siècle (moment choisi par l'empereur Charles VI qui, voulant que la navigation sur la mer Adriatique fût « sûre et libre », créa la cité) à octobre 1954, date à laquelle l'ancien « territoire libre de Trieste » redevint italien. Trieste, comme l'empire des Habsbourg dont elle faisait partie, est, aux yeux de Claudio Magris, un « modèle de l'hétérogénéité et du caractère contradictoire de toute la civilisation moderne, privée d'un fondement central et d'une identité de valeurs ». Trieste, véritable continent littéraire, qui y voit naître des écrivains et d'autres l'engendrer, est une ville frontière qui divise, relie, sépare et rassemble, fabrique une authentique poésie de l'exil et du déracinement. Ce n'est pas le cas de Turin…

L'écrivain Enzo Bettiza a publié en 1958 un roman au titre révélateur : *Il Fantasma di Trieste*. Mais, oui. Voilà une ville fantomatique, cosmopolite et supranationale, concentré du drame que traverse la vieille Europe et son imaginaire collectif, stigmatisant la crise de la culture et une culture de la crise. Dans *L'Homme sans qualités*, Musil affirmait : « La vraie Autriche, c'est le monde entier. » Trieste ne va pas au-devant du monde ; c'est le monde qui s'y rend pour y renaître. Imaginez un amalgame de groupes ethniques et culturels très divers : des Italiens, des Allemands, des Slovènes, des Grecs, des Arméniens, des Slaves, tous, petits noyaux ballottés, apatrides de l'âme venus des divers territoires de l'Empire et d'autres pays d'Europe… Sciopio Slataper écrit à sa femme, dans une lettre désormais célèbre : « Tu sais bien que je suis slave, allemand et italien. » Il est bien en deçà de la réalité ! L'écrivain triestin est un clandestin, un déraciné. Claudio Magris, toujours lui, rappelle que l'écrivain de Trieste écrit hors des cénacles. Italo Svevo a son petit bureau à la Banque de l'Union ; Umberto Saba écrit dans l'arrière-boutique de la librairie où il travaille ; Joyce, qui réside à

Trieste de 1904 à 1915, à la terrasse d'un café ou au plus profond d'une taverne. Dans cette époque de désintégration de la totalité et du classicisme, l'écrivain décrit la sénescence et l'épuisement de la société, l'étrange lassitude vitale et existentielle qui l'habite. Italo Svevo a une formule extraordinaire : « La vie est une maladie de la matière. »

« Nous aimons Trieste pour l'âme tourmentée qu'elle nous a donnée, confesse Scipio Slataper dans *Il mio Carso*. Elle nous arrache de petites douleurs, et elle nous fait sienne, et elle nous a fait frères de toutes les patries combattues. Trieste est bénie pour nous avoir fait vivre sans gloire. » Au début du XXe siècle, le triangle Florence-Vienne-Prague est un triangle d'or. Ajoutons-y Trieste et nous aurons un carré parfait, lieu idéal pour une découverte de la culture internationale en train de se faire. Strindberg, Freud, Weininger, Ibsen, Hebbel y sont présents ; Rilke, quant à lui, a trouvé refuge à Duino. Nous y voilà. Nous y sommes. C'est le contraste, le paradoxe qui fait la littérature : Trieste, ville du commerce et des marchands, devient pour certains (Umberto Saba, par exemple) la ville de la création littéraire, le centre novateur où exprimer l'angoisse de la vie immédiate. Trieste est comme le cœur déplacé de l'ouragan qui a pour nom : Mitteleuropa. Svevo, Kafka, Musil, Canetti, Doderer, Stifer, Rilke, Hoffmannsthal, Schnitzler, Zweig, Kraus, Roth, Rezzori, une mosaïque de noms, de langues et de savoirs qui ont essaimé le long des rives du Danube les rêves enfouis de l'Empire habsbourgeois.

On raconte qu'un vieil employé de la cour aurait rapporté la facétieuse et exacte parole suivante : « Strictement parlant, l'empereur François-Joseph a régné jusqu'à la mort de Johann Strauss... » Quelle lucidité ! Cette atmosphère Mitteleuropa, qui inspira sans doute à Joyce son *Ulysse*, est à l'œuvre chez nombre d'écrivains en proie au vertige des *variazioni su Trieste*. Ainsi, si, dans *Femmes dans la vie de Stefano Premuda*, Giani Stuparich s'empare de ses souvenirs érotiques et sentimentaux, ce n'est pas dans l'espoir d'y voir plus clair dans la vie. Bien au contraire. Comme dans *Une année d'école*, il fait de la vie rêvée une antichambre de la vie réelle. Peu lui importe d'essayer de transformer le déclin en renouveau, ou de se faire exister soi-même sur les décombres de sa propre vie. L'écrivain triestin, à l'instar de Kafka, de Broch et de Musil, ne recherche qu'un but : écrire un dictionnaire universel de la vie. Mais à partir du centre mythique d'un certain port de l'Adriatique proche de la frontière slovène.

À Trieste, *La Conscience de Zeno* le montre clairement, l'homme hésite entre être une victime du monde ou un agent de destruction de ce dernier. Dans le profond climat de déclin, de décadence, de déliquescence qui est celui de Trieste, c'est tout un monde d'harmonie qui s'écroule. Svevo, Saba, Slataper et les autres tentent d'élaborer une culture qui annonce le règne de la dysharmonie. La littérature de Trieste et, par extension, celle de la Mitteleuropa ont été un immense laboratoire du profond malaise que traversait alors la civilisation, et dans une moindre mesure le désespoir humain. Il reste aujourd'hui de cette étrange aventure quelques vestiges visibles et des livres. Descendez à l'hôtel Duchi d'Aosta, sur la piazza Unità d'Italia, ce palace d'un autre siècle, orné de salons superbes et feutrés, et prenez-en quelques-uns, de ces livres, outils de liberté et d'évasion – Svevo, Saba, Slataper, Stuparich, etc. –, ils parlent tous de Trieste, cette « ville profonde qui reflète le ciel, s'accorde avec la mer, contraste ou s'harmonise avec ses collines ».

Pourquoi penser à Trieste alors qu'on est à Turin, debout, en face du théâtre Carignano ? Parce que, dans l'une comme l'autre, le passage du temps est concret, palpable, les « âmes en tourment du passé », comme le dit Scipio Slataper, y sont appréhendables. C'est ce qui me retient, me bouleverse. Quelque chose de moi est ici. Quand Henry James écrit : « Entrer dans Turin signifie toujours trouver une ville de portiques, de stucs roses et jaunes, de cafés, d'officiers en pantalon bleu, de dames habillées », je revois Luisa et Ercole Tommaso sortir de la représentation de *L'Elisir d'amore* de Donizetti. Ce soir, je fais le contraire, j'entre dans le vieux théâtre et prononce mon discours. Dire que je suis ému est un euphémisme. « *Le mie radici : costeggio la cancellata che circonda la fabbrica del Carbone Lorraine a Gennevilliers. Mio padre…* » Parterre bruyant. Estrade. Photographes. Télévision. « *Le mie radici…* » Un journaliste de *Il Secolo XIX* écrira : « *De Cortanze parla lentamente, approfondisce i concetti, fa degli esempi. È vestito come un signore dell'Ottocento inglese, scrive romanzi storici in cui ricostuisce con estrema precisione gli avvenimenti che ruotano intorno alla storia.* » Celui de *La Repubblica* titrera : *Il Gattopardo di Cortanze.* Le *Corriere delle Alpi*, dans un encadré « Littérature » : *Il Grinzane vede l'arrivo con l'« emigrato » Cortanze…* En tout, plus de quatre-vingts articles sur cet étrange *ritorno a Cortanze nel paese degli avi…* Il faudrait pouvoir écrire un livre sur ce retour. J'essayerai un jour de le faire. Mais à présent je suis à Turin, au théâtre Carignano. La prestation est terminée. Un homme chaleureux me prend dans ses bras. Il est ému aux larmes. Accolades. Longues poignées de mains. C'est le maire de la *Comune di Cortanze, il Sindaco*, Mario Magnone. C'est comme si nous nous étions toujours connus. Mario pourrait reprendre mot pour mot cette idée de mon grand-père, évoquée précédemment : inutile de se nourrir d'abstractions, de doctrines. Ni l'une ni l'autre ne peuvent sauver. Il faut préférer les sentiments aux idées, les fables humaines aux cauchemars de l'Histoire, la vie aux fantômes. Demain, je serai à Cortanze.

Sur toutes les collines se hâlant au soleil

C'est le matin. J'attends mon chauffeur, dans le *lobby* de l'hôtel. J'observe la reproduction d'une toile de Carlo Bossoli : *Turin, procession du Corpus Domini dans la via Dora Grossa.* Une petite étiquette précise : « Tempera sur papier marouflé. L'original est au Museo Civico. » Une étrange lumière rose baigne la rue où règne une incroyable animation. Militaires, religieux, enfants qui jouent, femmes en chapeaux et crinolines, ombrelles, balcons lourds de curieux qui tendent les bras sous des dais de fines toiles rayées. Hormis la gaieté du moment, parfaitement rendue par Bossoli, c'est l'alignement grandiose des immeubles, mélange de façades

Le village de Cortanze vu du château.
Au loin, les collines du Montferrat.

gothiques, renaissantes, égyptiennes, grecques qui retient l'attention. Alphonse de Lamartine a bien senti cela : « Je ne me figurais pas une ville aussi belle que Turin, rien n'y manque : l'œil n'est jamais blessé, toujours étonné et flatté. Prends les plus beaux édifices de Paris, de Lyon, de Bordeaux ; orne-les d'architecture italienne, place-les à la suite les uns des autres, formes-en des rues bordées de portiques et alignées au cordeau, tu auras une petite idée de Turin. » Si je regarde de plus près le tableau, je vois beaucoup de jolies femmes, au premier plan. Quelle pouvait être leur vie ? Comment vivait-on à Turin, en ce temps où mes ancêtres foulaient le sol de la via Dora Grossa ? Écoutons James Boswell : « Mais les dames de Turin étaient très belles et j'estimai que je pouvais m'accorder *une* intrigue en Italie, en vue d'augmenter ma connaissance du monde et de me donner le mépris des femmes éhontées. Je me transformai donc en galant ; mais j'étais un galant trop modeste pour réussir auprès de dames qui raillaient les détours de la délicatesse et tenaient pour un paysan ou un imbécile quiconque ne se dirigeait pas tout droit sur l'occasion. En outre, j'avais un cœur. Je fus saisi par la passion, je ne pouvais le dissimuler ; et cela n'était pas conciliable avec la bienséance qu'il fallait manifester en public. Bref, je n'eus aucun succès auprès des dames du Piémont. Un officier français, mon instructeur en galanterie, mortifié de me trouver *si jeune*, me consola en me procurant des filles consentantes. » Les « dames du Piémont », les « filles consentantes »... Je me replonge en rêvant dans le tableau de Bossoli. Le chauffeur me tire de ma rêverie. Dans quelques heures, je serai à Cortanze.

J'aurais aimé une Topolino ou une Cinquecento, ainsi aurais-je pu me croire dans un film. Mais je suis dans la réalité de cet automne. Une Toyota, tout simplement. Le conducteur possède trois téléphones portables et écoute la radio. Nous aurions pu choisir de sortir de Turin par la SS10. Nous empruntons les petites routes afin de refaire le parcours effectué en calèche par Luisa et Ercole Tommaso, les deux personnages des *Vice-rois*. Une délicate attention du maire de Cortanze. À cet endroit le premier baiser, à cet autre les caresses deviennent plus insistantes, etc. Les *Vice-rois*, page 222 : « La distance fut couverte dans cet étrange état. Les baisers et les attouchements se poursuivirent, s'arrêtant et reprenant, se ralentissant au rythme des seules exigences formulées par Luisa. » On a même retrouvé l'endroit où le vieux Ercole Tommaso redécouvre son château, juste avant sa mort, en 1922. Nous coupons des écharpes de brume qui traversent la route et parfois obscurcissent l'horizon.

Tous ceux qui voient Turin pour la première fois vous le diront, l'étonnement vient du contraste entre les rues spacieuses, larges, monumentales et les échappées soudaines qui, au bout des rues, des promenades ouvrent sur la montagne. Le Pô, les vignes, les prairies, puis les collines et les montagnes. William Harlett père : « Enfin je pouvais voir les Alpes qui se dressaient comme autant de piliers de marbre dans le ciel crépusculaire. » Les Alpes, si lointaines et si proches. La pureté radieuse des hauts sommets, le silence profond. Que nous dit Nietzsche ? « On atteint Lanzo par chemin de fer en cinquante minutes : et nous voilà en haute montagne. C'est elle qui conditionne le climat d'ici, en particulier les nombreuses journées parfaitement limpides, en hiver aussi… »

Mon enfance fut bercée par les récits que me faisait mon grand-père. Certains avaient pour cadre la montagne, notamment le fameux mont Saint-Bernard : « 2 581 mètres ! le froid est si vif que le thermomètre y descend de dix-neuf degrés au-dessous de glace ! » Des mots, des expressions sont encore très présents à ma mémoire : « neiges éternelles », « dogues vigoureux » (qui cherchaient les voyageurs ensevelis sous la glace), « pieds engourdis par le froid », « malheureux surpris par le tourbillon glacé »… Une histoire également. Celle de l'hospice du Saint-Bernard, tenu par des moines. Le premier bâtiment sert de refuge aux voyageurs surpris par la nuit ou par la tourmente. Le second, entouré de glaces blanchâtres et de quelques mélèzes, « arbres de deuil », est une chapelle où l'on dépose les cadavres de ceux qui périssent en traversant la montagne. On assure que tous les ans on trouve des individus morts de froids ou ensevelis dans les neiges des avalanches. Et là, mon grand-père ajoutait, parlant lentement : « Les corps sont rangés à côté les uns des autres, et comme ils sont préservés de la putréfaction par l'air glacial qui les entoure, les traits du visage se conservent pendant deux ou trois ans ; après quoi, ces mêmes corps se dessèchent et deviennent semblables à des momies. »

La voiture continue d'avancer dans le petit matin automnal. Nous ne sommes pas sur les cimes enneigées des Alpes Pennines mais dans la zone de plaines et de collines du triangle Turin, Chivasso, Asti. Ces collines aux échines hirsutes, sombres, ces collines sauvages, estompées, à la beauté colorée, pittoresque, c'est le domaine de Cesare Pavese. Paraphrasant Dominique Fernandez évoquant le quadrillage des rues de Turin dans la poésie de Pavese, nous pourrions écrire : les collines de Pavese ne sont jamais prétexte à description. Vides, désertes, elles jouent le rôle presque abstrait de structure de l'espace. Pavese dit exactement ce qu'il faut dire, ressent ce qu'il faut ressentir : les collines autour de Turin sont un monde géométrique dans lequel des formes et des êtres se meuvent, se promènent, bougent. Ces collines construisent une perspective, étalonnent une dimension spatiale, entre le ciel et les aubes, le soleil et les siècles, les nuages, les plantes, parmi les villas et le silence, dans le vert dispersé des arbres, dans les fruits, les longues marches humaines : « Je vois seulement des collines et, pour moi, proches ou lointaines/elles remplissent ciel et terre de leurs flancs fermement dessinés », écrit-il dans *Dépaysement*. Et ceci, dans *Après* : « La colline s'étend sous la pluie qui l'imprègne en silence. » Ou encore, dans *Rencontre* : « Ces dures collines qui ont façonné mon corps/et qui ébranlent en lui autant de souvenirs… »

Les collines de la province d'Asti, c'est-à-dire ici, très précisément, celles du nord *della valle del Tanaro*, sont chacune surmontée de châteaux et de places fortes, de villes fortifiées, de donjons : *castelli e « villeforti »*. À l'est d'Asti, Moncalvo, Montemagno, Viarigi, Scurzolengo, Castagnole. À l'ouest, une vingtaine d'autres que nous allons croiser : *castello, villaforte, resti integrati, torre*... Lors de son voyage en Italie, Montesquieu, qui traverse la campagne piémontaise, depuis Turin jusqu'à Alexandrie, et la trouve « merveilleuse », écrit ceci, nous sommes en 1728 : « Le pays est plein de mûriers ; il y a des vignobles et bien des pacages. C'est dans ces pacages que se nourrissent les bestiaux qui y viennent de dehors, surtout de la Savoie, et s'engraissent là, et sont achetés pour Gênes. Les paysans sont assez bien dans le Piémont : ils ont tous, chacun, un morceau de terre, qui est très fertile, et sont quelquefois aussi riches que leurs seigneurs. Dans le Milanais, c'est tout le contraire : la noblesse a beaucoup de fonds, et les paysans peu. »

La voiture roule maintenant en rase campagne. La même douceur que celle qui surprit tant Roberto lorsque, par la fenêtre de la petite Aprilia, il découvrait la route qui le conduisait vers un certain château que la résistance italienne se préparait à faire sauter, règne dans ce qui m'apparaît comme un jardin bien ordonné et calme. Rayons dorés qui resplendissent, dans les jardins, sur les arbres, sur les grilles, dans la solitude des vastes collines dépouillées. Je me souviens très bien. La route s'élève et l'Aprilia roule dans une zone soudain fortement vallonnée. Roberto aperçoit une buse dans le ciel. Ça, c'est le roman en cours : *Cyclone*. J'écris : « Roberto eut à peine le temps d'apercevoir une buse qui volait dans un morceau de ciel bleu. Montée d'on ne sait quel horizon, elle effectuait un singulier vol de reconnaissance, posée en l'air, planant, portée par les courants à la recherche de la belette ou de la fouine sur laquelle elle piquerait, lui plantant son bec dans le crâne pour en sucer le petit cerveau. » Je ne sais plus quoi faire de cette buse. Elle est là dans le roman. Anne Wiazemsky au téléphone : « Il faut la garder. Elle annonce sans doute quelque chose… » Oui. Roberto va parler de la buse à ses compagnons, dans l'Aprilia. Mais il se tait. Soudain tout le monde lève les yeux, regarde le ciel : une centaine de forteresses volantes – nous sommes en 1944 – se dirigent vers le nord-est, en formation serrée, resplendissant au soleil, laissant derrière elle des traînées d'épaisse vapeur blanche… Nous dépassons le panneau Sciolze, 15 km. Mon conducteur me montre le ciel du doigt, une buse tourne. Où est la fiction ? Où est la réalité ? « *Poiana… Poiana…* », me dit-il.

Le Piémont est un pays de prunes, de châtaignes, de truffes. Les Langhe, le Montferrat, le Roero sont des terres où le *trifulau* est un mythe, une légende, un héros. Il faut lire et relire le livre d'Enrico Vigna, *Trifulau e tartufi* pour comprendre ce que représente pour le Piémont le « truffier », sans parler des recettes fabriquées autour du *tartufo Imperatore : Insalata di tartufi, parmigiano e carciofi, Cavolfiore alla piemontese borghese, Antico tortino piemontese di funghi uova e tartufi, Flan o sformato di spinaci con fonduta piemontese, Salsicce e chiocciole alla torinese, Filetti di anguilla alla piemontese antica, Fonduta piemontese,*

Quaglie alla piemontese, Intingolo di funghi e fegatini alla Cortanze... Le Piémont est aussi un pays de vignobles : barolo, barbera, barbaresco, dolcetto, moscato, grignolino, freisa, asti spumante, roero... Pays de collines, de montagnes, de vignes ; pays d'eau, de grands fleuves, de rivières. Nietzsche fait de Nice un « stupide morceau de Riviera », et lui oppose, lors d'une de ses longues promenades dans la campagne turinoise, le Pô, « grand fleuve d'un bleu délicat », tout de perfection et de plénitude. Il conclut : « Un Claude Lorrain tel que je n'aurais jamais espéré en voir... » Pourquoi pas. Dans la courbe du Pô qui va de Turin à Valenza, en passant par Chivasso, Trino et Casale, il y a en effet quelque chose de ce « paysage idéaliste » peint par Claude Lorrain. Dans le sentiment affiné de la nature, de la lumière, sans doute. Dans cette campagne piémontaise subtile, délicate. Observons *Paysage au moulin*. Il y a la courbe de l'eau, la succession de plans, la composition scénique, toutes d'harmonie, de variations de lumière, rayonnements lumineux, modelés des bouquets d'arbres. Poussin est un « héroïque », un isolé princier, un paysagiste hanté par la métaphysique. Ce n'est pas le cas de Lorrain ; Friedländer a raison : Gellée apparaît essentiellement comme un « élégiaco-mélancolique ». Il y a de cela dans les courbes du Pô – du moins telles que je les vois aujourd'hui : entre l'air à la pureté parfaite, le vert magnifiquement développé des frondaisons des allées cavalières, et le fond jaune incandescent du soleil.

Dans la voiture qui me mène à Cortanze, une nouvelle fois fiction et réalité se mêlent, littérature et observation immédiate. Le Lorrain et les rives du Pô à présent en de nombreux endroits fortement industrialisés. Difficile de ne pas tout associer à l'écriture, de ne pas tout ramener à cet espace que l'écrivain peut observer de l'extérieur et où, à la fois, il se place résolument au centre. Je pense à un livre récent de Françoise Mallet-Joris, consacré à Marceline Desbordes-Valmore mais aussi à elle-même : fille, femme, mère, amante, écrivain, etc. Une idée principale parcourt, à mes yeux, tout le livre. Le nombre d'heures que j'ai passées à lire et à écrire est considérable et m'a apporté des joies considérables, dit-elle. Mais aussi, ceci : le nombre de « voyages que je n'ai pas faits, de soirées auxquelles je n'ai pas assisté, de pièces de théâtre que je n'ai pas vues, d'amis auxquels je n'ai pas écrits, qui m'invitaient dans des maisons de campagne que je n'ai jamais visitées, pour pouvoir écrire le lendemain », est lui aussi considérable. Le choix d'écrire, c'est cela. Des écrivains aussi différents que Sollers et Le Clézio, Auster et Hemingway, Semprun et Fuentes vous le diront : l'écriture est une chose sérieuse qui apporte des joies considérables et une solitude considérable – celle qui contraint chaque jour l'écrivain à faire face au rêve selon Senancour. « Un rêve, soutient-il, est une vie particulière qui s'intercale dans une vie terrestre. » Écrire, c'est tenter de vivre ce rêve. Et en ce sens Flaubert avait tort : la littérature n'est pas le meilleur moyen d'escamoter une existence mais au contraire de la faire vivre, d'y parvenir. Flaubert dit : entre la littérature et la vie, il faut choisir. Non, il faut savoir mener les deux de front. L'une n'exclut pas l'autre. L'une et l'autre : même sérieux, même profondeur, même légèreté, même essence.

Mon chauffeur, qui délaisse parfois ses portables et sa radio, me parle de sa vie, du Piémont où il est né, de tout et de rien, c'est-à-dire, comme souvent dans ces affaires-là, de choses réelles et profondes. Il me pose une question : « Quel est votre lien avec le château de Cortanze ? » Un lien affectif et généalogique, bien réel et imaginaire. Mes ancêtres l'ont quitté à la fin du XIXe siècle. La légende familiale rapporte que mon grand-père a été le dernier occupant du château. Vrai ou faux ? Peu importe. Quand Roberto me parlait du papier bleu à fleurs qui recouvrait les murs de sa chambre, j'y croyais. Lorsque je suis retourné au château de Cortanze, j'ai trouvé un morceau de ce papier mural que je conserve à Paris, comme une relique.

D'où vient l'écriture ? Un ami me dit : « Je ne suis pas un écrivain. Il me suffit de plonger dans ma biographie. J'y trouve matière à tant de livres. J'ai plus de soixante-dix ans, et je pourrais encore en écrire une bonne trentaine… » D'où vient l'écriture ? Je ne suis pas comme cet ami. Je n'ai pas connu l'exil. Je n'ai pas connu la guerre. Je n'ai pas connu les camps. Le Skud tombé quelques heures auparavant sur le restaurant de Bagdad où j'avais rendez-vous, à l'époque de la guerre Irak-Iran ; l'avion bourré d'intellectuels hispano-américains qui s'écrase à

Le château de Cortanze. Dessin d'Ottavio Mazzonis.
« Quel est votre lien avec le château ? » « Un lien affectif et généalogique, bien réel et imaginaire. »

Madrid en partance vers un congrès où j'étais invité mais dont le billet ne m'est jamais parvenu ; mes courtes prestations théâtrales dans la troupe du théâtre de Gennevilliers de Bernard Sobel ; ma victoire sur Roger Bambuck lors d'un mémorable soixante mètres en salle couru sur une piste en bois et l'exposition au musée d'Art moderne de mes « papiers froissés » sur un fond musical concocté par une amie cantatrice ne font pas matière à roman. D'où vient l'écriture ?

D'un besoin de reconnaissance. D'un manque. D'une faille. Face à cette histoire familiale à la fois trop lourde et trop vide, l'adolescent que j'étais aurait pu choisir le suicide. Je ne suis pas comme mon grand-père, un schopenhauérien malgré lui, mais, à la différence du philosophe : sans théorie ni vanité. Mon cher grand-père… La vie, au fond, lui apparaissait comme une triste réalité. Sa sagesse, profonde, était de la prendre comme elle est. Unamuno, n'en doutons pas, aurait souscrit à ce jugement. Il croyait, lui aussi, que le scepticisme naissait de l'expérience et du dédain. Ce qui n'était pas le cas de mon grand-père qui se tira une bien étrange balle dans la tête, en reniant son passé, son nom, sa terre pour devenir simple chauffeur de taxi…

L'être humain, doué d'intelligence, a transformé l'instinct en sentiment, cette illusion du désir. Chacun possède désormais cette arme fatale, en joue, en souffre. Avec tout ce temps qui a passé depuis l'enfance, il m'est très difficile de dire si mes poses suicidaires étaient une preuve de romantisme ou la marque d'un mal-être profond. Les psychanalystes vous diront que c'est la même chose. Mais je ne suis pas psychanalyste. La littérature, avant l'écriture, fut mon premier territoire libre, ma terre promise, ma seule patrie. Là, je me suis reconstitué, lentement, au fil des lectures. Elle fut – elle, la lecture –, au cœur de mon étrange enfance, mon seul refuge. Au sortir de cette enfance, je me suis regardé dans le miroir et, après m'être bien regardé, je me suis dit à moi-même, avec infiniment de satisfaction : « *Com'ero buffo, quand'ero un burattino ! e come ora son contento di essere diventato un ragazzino perbene !* » C'est ce que se dit Pinocchio, le petit héros du roman de Carlo Collodi… « Comme j'étais ridicule quand j'étais un pantin ! Et comme je suis heureux d'être devenu un petit garçon comme il faut ! »

Retournons à cette enfance, avant la scène du miroir de Collodi. J'ouvre une parenthèse : j'ai toujours pensé qu'il n'était pas nécessaire de raconter les histoires de la vie, en entier, qu'elles n'étaient au fond jamais complètes, et certainement pas pour ceux qui les avaient vécues. Alors voilà, je me prends souvent à parler à voix basse avec mes fantômes, avec finesse et intelligence (de leur part), émotion, et de quoi ? Du miroir brisé de la vie, évidemment. Le miroir dans lequel se regarde Pinocchio. Miroir en miettes dont on tente vainement de recoller les morceaux dans l'espoir assez vain de pouvoir le reconstituer un jour dans son entier. C'est pour ça que je suis devenu écrivain : pour écrire des livres qui contiennent des éclats, et seulement des éclats, de la réalité, ou plutôt, et je ferme la parenthèse : du miroir brisé de la réalité.

Ma marraine Norah Lelas est riche, très riche. Chez elle, rue de Vaugirard, le long de l'interminable couloir qui conduit à la salle à manger, j'observe toujours avec le même plaisir renouvelé, tandis que virevoltent de jolies soubrettes en tabliers blancs à dentelles, les toiles d'un peintre dont l'univers paraît serein, paisible, où la nature est une amie riante, où les jeunes gens, toujours beaux, se promènent avec nonchalance, dans des parcs, de lumineuses clairières. Ma marraine me dit : « C'est un peintre de la fête, parfois caustique, parfois mélancolique. Mais quel chatoiement, quelle musique ! Tout Watteau est là… » Elle a aussi un Fragonard, elle a dû vendre son Boucher… Pauvre marraine, qui, à la fin de sa vie, devenue amnésique et ayant renvoyé son chauffeur, avait décidé de conduire seule son énorme traction 6 cylindres 15 CV. Perdue dans les rues de la capitale, elle passait ses journées à arpenter les commissariats pour tenter de retrouver son adresse…

Ce sont ces livres, ceux que ma pauvre marraine m'offrait à Noël, précédée de son chauffeur, « mon brave, chargé comme un baudet », portant les cadeaux familiaux – livres pour les garçons, foulards pour les filles –, qui m'ont sauvé du suicide, qui m'ont montré qu'une voie était possible pour moi, en dehors de la famille, sans savoir que ces lectures, source d'une écriture future, me permettraient de replonger, mais cette fois, armé, comme on le dit d'un navire gréé pour la course ou la guerre, dans les sous-sols du vieux château familial. J'ai douze ans, treize ans, un médecin distrait transforme ma banale intoxication alimentaire en une méningite aiguë. Je suis couché, mes parents craignent le pire, j'entends sur le palier ma mère qui chuchote, on évoque l'extrême-onction ! Bien calé entre mes oreillers, j'ouvre les deux livres offerts par ma marraine. *Le Ventre de Paris*, d'Émile Zola, qui resta longtemps mon écrivain favori, et auquel je dois mes premiers émois sexuels, imaginant que les femmes les plus sensuelles ne pouvaient être que normandes et que la plus extravagante façon de faire l'amour était de se rouler parmi les tas de légumes et les étalages de victuailles. Le deuxième livre, qui m'attirait moins, mais finit par me plonger dans un bonheur que je ne retrouverais que très rarement par la suite, est d'un certain Miguel de Cervantès Saavedra. Je sais maintenant que l'édition reliée en jaune bouton d'or de *L'Ingénieux Hidalgo Don Quichotte de la Manche* m'a sauvé de la mort. Cette hypothèse, devenue certitude, eut le double avantage d'innocenter l'esculape, et de conférer à la littérature un rôle vital. Don Quichotte, à la différence d'Hamlet, qui ne voit dans les livres que des mots, m'adresse une leçon fondamentale, une règle de vie : la lecture peut modifier le courant de l'existence et le sens de la vie.

L'écriture, la lecture : une seule et même chose. Souvenez-vous de Casanova aux plombs : « J'avais laissé croître l'ongle de mon petit doigt de la main droite pour me nettoyer l'oreille, je l'ai coupé en pointe, et j'en ai fait une plume, et au lieu d'encre je me suis servi du suc de mûres noires. » Écrire, coûte que coûte. Le cheminement est simple. C'est le livre qui mène à l'écriture et l'écriture qui mène à la famille. Roberto rêve de rencontrer des Indiens iowas, parce que le tableau de George Catlin est comme une fenêtre dans son monde clos. Sa « vocation » naît de la lecture du catalogue des usines Panhard et Levassor : il sera coureur automobile. Mais nous n'en sommes pas encore là. Je suis en 1960, ou en 1964, plutôt, quand Lorca me détourne de l'italien et me jette dans le vaste univers hispanique. Avant Bernard Noël, auquel je dois d'avoir écrit mes premiers poèmes, je me souviens de René Gilson. Nous avions tous envie de ressembler à ce professeur qui donnait ses cours en costumes élégants, roulait en jaguar et était toujours accompagné de starlettes – on disait plutôt à l'époque, pin-up – perchées sur de hauts talons. Nous pensions tous : la vie c'est ça ! Il m'a fait découvrir Cocteau, Faulkner, Pavese et son *Métier de vivre*, Malraux, Aragon, le jazz, le cinéma, les femmes, l'élégance, l'écriture qui est style, fluidité, pertinence, précision, expérience de vie, moyen de connaissance ; et ce que soutient Hemingway : « Voir, sentir, exprimer, tout est là ! Autrement dit, descendre en soi-même, s'interroger, trouver la force vive qui permettra de parler avec sincérité des choses que l'on connaît, et qui tiennent à cœur », et ceci encore : « Le premier devoir de l'écrivain est la sincérité. Être original, pour un écrivain, c'est être soi-même. »

Revenons à René Gilson. Il fut le seul à pouvoir se moquer de mon « nom à rallonge », comme il disait, sans que cela me blesse. Nous en parlâmes un jour. Avec ce nom, j'étais un peu un martien, un humanoïde. Mais Gilson avait compris que ce nom était ma colonne vertébrale ; sans lui, sans l'acceptation de ce qu'il représentait, je me condamnais à la chaise roulante : « Tu as un clou dans ta chaussure. Il te fait boiter. Fais de cette boiterie ta différence fondamentale. » Un écrivain, comme le suggère Philippe Sollers parlant de Casanova, le chevalier de Seingalt, est « tout entier dans le nom qu'il se donne ». Oui, même s'il est identique à celui de son géniteur, de sa généalogie. J'habite mon nom. Une lettre arrivée alors que je suis en train d'écrire ce livre, *Une chambre à Turin*, tombe à pic. En plein dans mon sujet. Je ne crois pas au hasard. Son auteur, Jean Le Villain, m'a entendu parler à la radio. Le nom lui rappelle quelque chose, un souvenir, le passé. Une lettre émouvante, terrible dans son émotion. Nous étions ensemble en CE2. Nous ne nous sommes plus jamais revus depuis… Qu'il me permette de le citer : « J'avais bien un voisin en CE2 je crois, à l'école Blanqui, mais il s'appelait Gérard Cortanze. On nous plaçait souvent devant en classe car nous étions parmi les plus petits. L'institutrice s'appelait Mme Flament, petite femme douce mais énergique avec les garnements que nous étions. Un jour, je ne sais plus si c'était en CE2 ou en CM1, Mme Flament et son collègue M. Beckaert dialoguaient près de moi pendant que nous montions en classe. L'un deux dit : "J'en aurai un de moins demain, Gérard Cortanze, non pardon, Gérard de Cortanze, car il est de noblesse italienne, s'en va demain." Et on ne vous a plus revu… » Un écrivain est tout entier dans le nom qu'il se donne…

En pratiquant l'athlétisme au plus haut niveau, je ne faisais rien d'autre que de courir derrière mon identité, j'essayais d'habiter mon nom. Le jour où j'ai compris que l'écriture me permettrait de l'atteindre plus efficacement, j'ai rangé mon maillot bleu ciel et blanc du Racing Club de France – R.C.F. –, j'ai dit au sorcier Mégrot qui nous entraînait que je ne voulais plus intégrer l'équipe de France de demi-fond et ai commencé d'écrire des poèmes en buvant de la Guinness brune et en fumant des Camel ! Revenons à René Gilson. Je suis de nouveau en 1964. Je viens de quitter le collège de jésuites pour le lycée. le premier cours m'ouvre un univers. Les poèmes du *Romancero gitan*, que je délaisserai plus tard au profit de ceux de *Poète à New York*, me donnent le choc que j'attendais sans savoir quelle forme serait la sienne ni d'où il viendrait. Avec eux, je me trouve : l'écriture, c'est la femme. Ah, la robe relevée de *Précieuse et le Vent*, et les « doigts anciens » qui ouvrent « la rose bleue » de son ventre… Ah, les cuisses de *La Femme adultère* qui s'enfuient sous l'amant « comme des truites effrayées… ». Federico García Lorca, que je ne peux dissocier de l'image de Morand, et notamment de cette anecdote, à mes yeux fondamentale. Lorca séjourne à La Havane du 7 mars au 11 juin 1930. Morand se trouve dans la capitale cubaine, à la même époque. Il nous en donne dans *Hiver caraïbe* une image superficielle, mondaine, il semble n'avoir été capté que par ce qui y déborde d'universalisme ordinaire. Pas de fibre, pas d'émotion, pas de réalité. Morand ne voit rien, à commencer par la situation politique peu reluisante, meurtres, assassinats, etc. Lorca : « Morand plaisante presque toujours… En somme, il est celui qu'on invite à prendre le thé sur une terrasse confortable et, moi, je suis – tout au moins je veux être – l'homme qui regarde la grande machinerie du métro et à qui tombe dans les yeux les escarbilles. » J'aimerais être un écrivain qui regarde, qui « voit la différence », qui se sent happé par ce qu'il ne peut pénétrer. J'aimerais prospecter, chercher, risquer. Ernest Hemingway, dans une lettre à Pauline, écrite en mer, le 28 mars 1932, dit : « Je me suis souvent demandé ce que je devrais faire du restant de ma vie et maintenant je le sais – j'essaierai d'arriver à Cuba. » Je pourrais écrire : « Je me suis souvent demandé ce que je devrais faire du restant de ma vie et maintenant je le sais – j'essaierai d'arriver au Piémont, à Turin, à Cortanze. »

D'où vient l'écriture ? Du désir de retrouver les fondations de l'être, le limon des Rotari en 636. Lorca, Zola, Cervantès seront les forêts qui me permettront de creuser dans les couches successives de mon histoire familiale. Je ne suis pas un écrivain, parce que je puise dans ma biographie mille et une histoires, mais parce que mon passé familial me pousse à écrire. Je veux savoir. Je veux comprendre. Comme lorsque je regarde, pour la centième fois peut-être, cette photo jaunie de « La Renardière », maison de villégiature que les Roero Di Cortanze possédaient à Antibes. Longtemps, j'ai cru qu'elle était à Nice, ou à Cannes. Oubliant sans doute que je l'avais cherchée, avec mon père et mon grand-père. C'est fou, ce que nous avons passé comme temps, et ce que nous passons encore comme temps, dans cette famille, à chercher des maisons qui n'existent plus, ou du moins qui ne sont plus habitées par des membres de l'illustre et antique famille piémontaise. Maisons désertées, châteaux vides, face au gâchis absurde de la vie, à la mémoire, ce miracle immense, face au jour qui n'existe que par la grâce de la nuit. Cette recherche effrénée des maisons nous gratifie, nous les Roero Di Cortanze, d'une morale : chaque être humain est naturellement unique, ce qu'on ne découvre qu'en recevant l'amour d'un autre être… ou en n'en recevant jamais…

Je regarde la photo de « La Renardière », que j'ai reçue à la mort de mon grand-père, dans un carton à chaussures, avec d'autres reliques familiales. Quelle tristesse, m'étais-je dis alors, en regardant ce pauvre carton aux coins écrasés, qui avait longtemps séjourné tout en haut de l'armoire, dans la chambre à coucher de mes grands-parents. Les restes du fils du vice-roi de Sardaigne dans une vulgaire boîte en carton ! Je regarde une nouvelle fois « La Renardière », et le miracle se produit. Je pourrais écrire : l'écriture vient aussi de ces miracles qui se produisent ainsi. Une somptueuse villa, de quatre étages, avec palmiers, terrasses, salles de réception, grandes baies vitrées, immense parc la ceignant. Soudain, dans l'angle droit de la photo, entre un cyprès et un agave, le compte-fils, modeste héritage de ma grand-mère couturière, me révèle l'apparition divine. Cette photo circula de mains en mains. Je m'en souviens, personne, à commencer par le principal intéressé, ne mentionna la présence d'un homme, en bas, à gauche, en train de lire un journal italien, assis par terre, élégant, mais pauvre :

La Renardière. La villa familiale à Cannes. Dans l'angle droit de la photo, soudain une apparition : un homme, assis par terre, lit le journal. Mon grand-père ou son père ?

mon grand-père, ou son père peut-être – car le doute subsiste, ils se ressemblaient tellement –, et une indication fondamentale, pour le roman de la famille : l'homme qui est là vient de vendre « La Renardière », qui commence d'ailleurs à tomber en ruine. L'homme lit le journal ! Avant ou après la vente ? Seul ou accompagné ? Quel sentiment éprouve-t-il ? Le vent fait osciller le palmier, haut, majestueux, dont les branches viennent frôler les fenêtres du quatrième étage, dans la chambre, où, dit-on, Diodata Saluzzo-Roero écrivit plusieurs volumes de ses *Versi*.

D'où vient l'écriture ? De la chaîne qui, dans une même famille, unit les écrivains qui la composent. Personne ne m'a jamais dit, alors que je publiais mes premiers poèmes dans une petite revue militante franco-belge, *Cheval d'attaque*, que je descendais aussi d'une poétesse turinoise dont la plupart des livres furent publiés à Saluzzo, dont elle était originaire, et qui est aussi la patrie du grand Bodoni – devenu son imprimeur attitré. Diodata écrivit des odes, des tragédies, des poèmes. *Morte di Eva, Ippazia ovvero delle filosofie, Novelle* sont quelques-uns des titres de son œuvre délicate et lyrique. Dans mon bureau, une gravure sur cuivre qui figure Diodata. Elle date de 1836. Un Rubens… Toute en rondeurs, la poétesse romantique. Couronne de laurier dans les cheveux, épaules dévêtues, regard mélancolique. Je mets une de mes photos en parallèle. C'est indéniable, quelque chose dans les yeux, le front… Je lis sa *Canzone, L'armonia* publiée en 1801, et qui commence ainsi : « *Era i vorticosi lampi/Ebber l'urto maggiore/Due faville maggior, Saturno,*

Diodata Saluzzo-Roero (1775-1840). Poétesse romantique, on lui doit plusieurs pièces de théâtre, des recueils de poèmes et des romans. « D'où vient l'écriture ? De mon désir, au-delà des siècles, de nouer un dialogue avec Diodata. »

e Giove,/Su riaccese pei celesti campi/Lontane sì, che nel lor seno piove/Gelido verno e dubitosa Ince. » D'où vient l'écriture ? De mon désir, au-delà des siècles, de nouer un dialogue avec Diodata, qui épousa, à l'aube du XIXe siècle, le comte Roero Di Revello.

Je dois aller à Saluzzo. L'hôtel *Corona grossa* existe-t-il encore ? Et *Le Coq* ? Et *Les armes de Savoie* ? À sa mort, en 1813, Carlo Bodoni a fait don à sa ville natale de la collection de tous les livres qu'il a imprimés. Jadis, on trouvait cette collection à la municipalité, avec, comme pièce maîtresse l'Oraison dominicale en cent cinquante-cinq langues. Mais cette anecdote bibliophilique date de la fin du XIXe siècle, quand Roberto jouait encore dans les allées du château, et qu'il pouvait encore regarder, protégé par de lourdes vitrines, à l'ancien collège des jésuites, le fameux manuscrit de Silvio Pellico, écrit sur un affreux papier gris, datant de l'époque où il était prisonnier de l'Autriche au Spielberg… Mais je ne verrai pas Saluces, comme disent les Français, aujourd'hui. Je dois aller à Cortanze. C'est l'automne. La voiture fait un large détour pour me montrer « ma » région. Après Colcavagno, et son château coincé entre le cimetière et l'église SS. Vittore e Corona ; Rinco, à quelques kilomètres vers le sud, nous poursuivons jusqu'à Frinco, dont le château, imposant, puissant, avec tour et portique, passa aux Roero Di Settime et Incisa Di Camerana, quand la famille Mazzetti s'éteignit en 1829. Nous n'avons pas le temps de pénétrer dans le village. Turin est loin, ville dont Erri De Luca dit qu'elle est « de pions insurgés contre le reste de l'échiquier ».

Roberto Aventino, mon grand-père, à dix ans. Turin, 1903. Au dos de la photo : Vanetti G. pittore e fotografo. *7, Piazza Vittorio Emanuele I°.*

Marseille, ville du Piémont

Dans un bel essai consacré à Marcel Proust, Walter Benjamin affirme que toutes les vies, toutes les œuvres, toutes les actions qui comptent n'ont jamais été que l'imperturbable développement de l'heure la plus banale, la plus fugace, la plus sentimentale et la plus faible dans l'existence de celui à qui appartient cette vie, ces œuvres et ces actions. Une telle définition convient parfaitement à l'histoire de mon grand-père, qui est celle d'une enfance dont la vertu et la candeur se heurtent au difficile apprentissage de la vie. Je le revois se promenant, heureux, sur la Canebière, me montrant les cafés et les rues, l'ancienne Bourse, le Vieux-Port, la maison Diamantée, la Vieille-Charité, la très chic rue Saint-

Ferréol, le cours Belsunce et la rue d'Aix, hier italiens, les ruelles comprises entre la cathédrale Sainte-Marie-Majeure, le fort Saint-Jean et la chapelle des Pénitents-Blancs, lieux devenus touristiques, et qui ne sont plus pour lui que ceux de son histoire : du développement imperturbable de ses heures les plus banales.

Nous montons, une fois dépassés la place de la Corderie et le cours Pierre-Puget, vers Notre-Dame-de-la-Garde. Cet épisode a lieu après celui du retour fugace au château. Mon grand-père est essoufflé, mais cette respiration difficile l'enchante. Nous avons laissé mes parents et ma grand-mère dans le jardin Puget. L'ascension est éprouvante. Effectuée ensemble, elle constitue cependant un vrai bonheur. Grand-père et petit-fils unis dans le même effort : il me tient la main, parfois j'ai l'impression de le tirer. Je ne vois rien de la basilique romano-byzantine construite en 1864, « peu de temps avant mon arrivée, mon bonhomme ». Ce qui m'intéresse, c'est la vue saisissante sur le Vieux-Port. J'ai l'impression d'être en face d'une maquette du lieu où se déroula ce que mon grand-père appelle sa « deuxième enfance ». Car, c'est un fait, dans la vie il n'y a pas la naissance et la mort, mais, dans la même vie, plusieurs naissances et plusieurs morts. Erri De Luca, l'écrivain napolitain, l'a très bien compris. La vie d'un homme, dit-il, dure autant que celle de trois chevaux, *tre cavalli* (titre d'un de ses livres). Un homme, en réalité, vit les étapes de son existence comme des morts et des renaissances successives de lui-même. Un peu comme les vieux livres. Erri De Luca : « Je lis de vieux livres parce que les pages tournées de nombreuses fois et marquées par les doigts ont plus de poids pour les yeux, parce que chaque exemplaire d'un livre peut appartenir à plusieurs vies. »

Une autre vie, un autre destin, des gestes les plus simples aux rituels sacrés, présent et passé étroitement imbriqués, choix existentiel des questions – c'est le sujet profond abordé dans cette promenade marseillaise, par un vieil homme et son petit-fils. Roberto parle, ému, de la Bonne Mère, Vierge dorée qui veille sur les Marseillais, de la sardine, énorme, qui, dit-on, boucha un jour le port de Marseille. Dans mon esprit, ce grand-père, respecté mais non craint, est un mélange de Raimu et de Fernandel. Ma grand-mère dit : « Pépère, il a du soleil dans la voix. » C'est étrange comme les expressions les plus fugaces, les plus sentimentales, les plus faibles, les plus banales, peuvent devenir les plus fortes. Quand il parle des villes qui entourent Cortanze, et que je redécouvre aujourd'hui, cela fait à mes oreilles une étrange musique, « Montechiaro, Viale, Settime, Castellero, Scurzolengo, Moncalvo, Cortazzone », qui dérive dans ma mémoire. Il parle aussi des bruits de carrosse et de tramway venus de l'enfance. Il évoque Turin, la ville du diable, la ville satanique. Montesquieu dit de Turin : « Ici, les murailles parlent. » Mon grand-père ne dit pas cela, mais laisse planer des doutes effrayants : « Le dôme de la Gran Madre di Dio n'est pas surmonté de la croix… Pourquoi, à votre avis ? C'est tout de même bizarre, non ? » Construite en 1818 pour perpétrer le souvenir du retour en Piémont des anciens souverains, la Mère-de-Dieu, œuvre du chevalier Bonsignori, qui chercha, dit-on, à rappeler la forme du panthéon de Rome, accueillera un jour le Dragon de l'*Apocalypse*… Dans *L'Immense Solitude*, Frédéric Pajak retranscrit un extrait du discours prononcé par le pape Paul VI lors de la visite qu'il effectua à Turin en 1988. Le voici : « Mais l'on sait que là où se trouve l'œuvre du Salut, là où l'on voit l'action du Saint-Esprit, là où sont les saints, survient aussi un autre qui, bien sûr, ne se présente jamais sous son propre nom : il tente d'en trouver d'autres – il ne s'appelle pas seulement le diable, il a aussi pour nom Père du mensonge ou Prince de ce monde. Ici, à Turin, l'histoire du Salut est vécue comme un défi, comme une provocation. » Déjà, du temps du Risorgimento, dans un Piémont très réactionnaire qualifié par le jeune Cavour d'« enfer intellectuel », l'Église catholique, effrayée par le laïcisme de la bourgeoisie capitaliste montante, fait de Turin une « cité du démon ». Voilà, Turin est une capitale satanique. Mon grand-père en est convaincu. Mais il se fait du démon une idée toute personnelle. Comme le pseudo-Denys l'Aéropagite, il voit en lui comme un ange qui a trahi sa nature, et qui n'est pas mauvais, ni par son origine, ni par sa nature. Le démon, en fait, symbolise pour lui une illumination supérieure aux normes habituelles, permettant de voir plus loin et plus sûrement, d'une façon irréductible aux arguments. Il autorise même à violer les règles de la raison, au nom d'une lumière transcendante qui est non seulement de l'ordre de la connaissance, mais aussi de l'ordre du destin. Turin est une ville démoniaque qui conduit à la connaissance et à la transcendance… C'est étrange, le marquis de Sade, dont le commerce avec le malin est indéniable, ne l'a pas vu à Turin, allant même jusqu'à n'évoquer cette ville qu'en termes d'architecture : « Les églises y sont superbes, les rues belles, presque toutes alignées, et les maisons bâties au même niveau. Le feu roi était fou des embellissements de sa ville. On assure que celui-ci n'en est pas moins jaloux. Le palais du roi est assez vaste et commode mais de peu d'apparence. Le jardin resserré par les fortifications de la ville est extrêmement borné, mais il est si agréablement dessiné qu'on ne s'aperçoit pas de son peu d'étendue : c'est l'ouvrage du célèbre Le Nôtre. Le palais du prince de Piémont situé sur la même place que celui du monarque est un morceau d'architecture de la plus excellente beauté. »

Quittons le diable et revenons, plus prosaïquement, à ma grand-mère. Elle a raison. Mon grand-père est un être de soleil. Mais de quel soleil s'agit-il : celui de Cortanze ou celui de Marseille ? Soleil mouillé ou soleil de l'exil ? Le soleil marseillais n'est pas le soleil turinois, qui n'est donné qu'à celui qui sait le prendre, qui est rare, fait de campagne austère et de montagne rude. Ma grand-mère dit aussi : « Ton grand-père, c'est une île aux larmes. » Cette expression remonte à ma mémoire, alors que j'écris ce texte. Je ne l'avais jamais vraiment comprise. À présent, je peux l'analyser, lui donner un sens, qui échappait sans doute à ma grand-mère. L'« île aux larmes », c'est Ellis

Island, « terrible petite île », comme l'appelle Henry James dans *La Scène américaine*. Là où, entre 1892 et 1954, plus de dix-sept millions d'émigrés vinrent aux États-Unis avec le désir puissant d'oublier le passé. Nous sommes en 1995, je me décide enfin à prendre un ferry qui va me conduire à la statue de la Liberté qui éclaire le monde, pour les besoins des deux livres que j'écris sur et avec Paul Auster, mais je ne me souviens pas de la petite phrase de ma grand-mère. Je pense à Benjy – dans *Léviathan* –, qui fait sauter des répliques de la statue offerte par la France aux Américains en 1886. Je pense à l'effroyable crise de vertige qui s'empare de Mrs Sachs sur les marches métalliques qui serpentent dans le ventre creux de Mme Bartholdi mère. J'oublie ma grand-mère, mais mon grand-père est cependant là, avec moi, lui qui me donna un jour un billet de un dollar, vert, singulier, froissé, que lui avait envoyé un ami parti à « Nuova York » construire des maisons dans le quartier de Little Italy. Cette « visite » de la célèbre statue, je la fais en compagnie de mon grand-père, et lorsque je passe devant le ponton d'Ellis Island, ma gorge se serre. Comme la sienne a dû se serrer lorsqu'il a quitté Turin par la gare monumentale de la Porta Nuova. Je pense à Moravia qui prétendait que Pasolini était un bon exemple de la manière dont un artiste peut, par la voie indirecte de l'expérience existentielle, « arriver aux mêmes résultats que la sociologie la plus moderne et la plus subtile ». Il prétendait aussi qu'avec Leopardi, D'Annunzio, et quelques autres, il exprimait « avec grande authenticité » le thème de la plainte « sur la patrie déchue ». C'est exactement le thème qui habita, toute sa vie durant, mon grand-père qui revenait toujours à l'enfance. Pasolini, dans *Une longue route de sable*, journal de son voyage entre Vintimille et Trieste : « Adulte ? Jamais – jamais comme l'existence qui ne mûrit pas – reste toujours verte de jour splendide en jour splendide. » Un mot encore de Pasolini. Il avait projeté de tourner une vie de saint Paul dont ne reste aujourd'hui que quelques notes pour un scénario. Il trouvait évidemment absurde de raconter en entier la vie du saint, et avança donc que sa composition, selon la vieille définition d'Aristote, serait une *tragédie épisodique*. Le seul nom de Pier Paolo Pasolini était synonyme de révolte. Quelle erreur. Pasolini, qui a toujours fait passer la poésie avant l'intellect, était un rêveur, comme Roberto, écartelé entre Turin, Marseille et Paris, qui ne rêvait que d'une chose : l'impossible.

Le train pour la France est allé jusqu'à Gênes. D'un côté le *faro* au bout du *Molo Nuovo*, de l'autre, un autre *faro* au bout du *Molo Vecchio*. Mon grand-père est arrivé à Marseille à bord d'un vapeur. Entre le fort Saint-Jean et le château du Faro, il a vu une ville qu'il ne connaissait pas s'ouvrir devant lui. C'était un enfant, son frère Carlo-Charles, le futur grand coureur automobile, n'était pas encore né. Des deux frères, il est le seul à porter en lui cette île aux larmes de l'Italie de l'enfance. Mais tandis que Robert-Roberto fera tout pour oublier l'Italie, trop pesant fardeau, Charles-Carlo courra sur des routes et des circuits à la recherche d'une Italie qui est celle de ses parents et de son frère – et qui devient d'autant plus la sienne qu'il ne l'a pas connue : Charles-Carlo est né en France, en 1900. Sa vie et la mienne ont un point en commun : la recherche de la généalogie. Pour retrouver un contact perdu, pour renouer avec un passé nébuleux et fabuleux. Quitte à rayer symboliquement d'un trait de plume son frère sur l'arbre généalogique. Éliminer l'autre pour mieux exister. Effacer pour vivre. Geste dérisoire et sublime. Sur mon bureau, dans un petit cadre de bronze, avec volutes à fleurs et chimères, une photo de G.A. Roero dei Marchese Di Cortanze, *paggio della mugnaia al carneval d'Ivrea del 1900.* Croix de Malte sur la poitrine, chapeau à plume, cape de soie, poignard à la ceinture. Expérience enivrante : mettre en parallèle une photo de moi à dix-sept ans, une de ma fille au même âge. Visages en tout point identiques. Je la montre à ma mère : « Je ne savais pas que tu avais participé à une fête de l'école déguisé en page ! Elle date de quand ? » Ce voyage génétique là est le plus troublant qui soit.

L'album de famille, surtout lorsqu'il s'agit comme la mienne d'un dinosaure qui compte plus de dix siècles d'existence, est un élément de déstabilisation permanent. Le thème récurrent qui unit tous ces instants de vie, c'est la rupture de soi avec soi, celle du temps qui use, et fait que l'homme se renie, se trahit, n'atteint pas le but – ou si rarement – qu'il s'était fixé, perd sa vie à trop la chercher. L'album de famille pourrait avoir comme sous-titre *separazioni*, le livre de la vie qui passe, avec ses occasions manquées et ses regrets éternels, ce que l'écrivain argentin

Giuseppe Adolfo Roero Di Cortanze. Carnaval d'Ivrea, 1900.
Expérience enivrante : mettre en parallèle une photo de moi
à dix-sept ans, une de ma fille au même âge et celle-ci
de Giuseppe Adolfo. Même regard, même visage,
même arête du nez, même tristesse.

Ernesto Sábato appelle les « désencontres ». À commencer par l'irrécupérable bonheur de la petite enfance qui ne revient jamais, qu'on poursuit, dont il ne restait jadis que ces quelques photos jaunies dont certaines s'effacent presque complètement. C'est la technique contre la mémoire. Une véritable guerre contre la faculté d'oubli, contre le temps. Un combat pourtant perdu d'avance mais que l'homme livre malgré lui, avec des armes pathétiques venant éroder les labyrinthes du souvenir, ses échafaudages patiemment édifiés ; avec les moyens du bord ; avec l'être, en somme, lorsqu'il plie sous les assauts de l'involontaire rupture intime.

Une romancière italienne, donne une idée très précise de tout cela. Son nom, Francesca Sanvitale. Ces personnages sont comme les membres de mon illustre famille : errant dans leur existence à la recherche de leur paradis perdu, c'est-à-dire à cette époque de leur vie où tout était encore possible, où les choix existaient, où rien n'était fixé, sclérosé, éteint. Bien que l'univers de Francesca Sanvitale ne soit pas celui de la joie de vivre ou du bonheur incandescent, nous aurions tort de n'y voir que noirceur et pessimisme, comme chez Roberto, Diodata, Eugenio, Aventino, etc. Certes les saisons y sont celles de la solitude, de l'inquiétude profonde, d'une certaine mélancolie, d'une certaine gravité, mais elles n'ont pas pour maître absolu l'hiver tout de froid et de mort. Sanvitale aborde la vieillesse avec une sorte de lucidité tragique. L'étau de la vie qui se resserre, le sentiment d'irrémédiable qui plane sur son univers littéraire lui confèrent une profondeur inquiétante et salutaire. Les révélations y sont crues, les éclairages directs, les désirs échoués dénoncés avec vigueur, mais l'espoir en la vie reste intact. Pourquoi ?

Premièrement, parce que, comme chez Roberto, la vie est plurielle, et existe sur plusieurs registres : elle est banale et quotidienne, imaginaire et fantastique, folle et absurde, illogique et raisonnable. L'âme est toujours là, malade, touchée mais guérissable, forte, car sa puissance réside au fond de l'être – richesse fondamentale de l'homme. Deuxièmement, parce que la vie s'ouvre en plusieurs autres, découvrant ainsi les multiples aspects qui font la vie d'un homme – une exploration kaléidoscopique de ses facettes, de ses possibles, de sa richesse. Troisièmement, enfin, parce que les désillusions de la vie, les malheurs, les épreuves, s'ils ne facilitent pas l'oubli, n'en renforcent pas pour autant la tristesse d'oublier. C'est dans cette « faculté d'oubli » que mon grand-père puisait, paradoxalement, sa force.

L'art de détacher de soi un être est, on le sait, infiniment plus difficile que celui de se faire aimer, mais c'est dans ce détachement provoqué, dans cette rupture assumée que l'être sort grandi. Au fond, Robert-Roberto m'incite à la rupture. En rompant, dit-il, l'homme brise le cercle de ses inquiétudes, et gagne plus qu'il ne perd. Ainsi peut-il découvrir qu'il est amoureux, ou même parfois le devenir. En rompant, on évite de se séparer de soi ! Dans une lettre à Mme de Grignan, Mme de Sévigné, évoquant l'« ennui de ne plus l'avoir », parle de la séparation en ces termes : « Celle-ci me fait une douleur au cœur et à l'âme, que je sens comme un mal du corps. » C'est de cette tristesse-là, de ce malheur, dont souffrait mon grand-père, qui a su transformer sa défaite en victoire. Voilà son legs, son marquisat.

La vie est une fiction improbable. Tous les membres de cette famille italienne déplacée de son centre – chacun d'une manière qui lui est propre – sont prisonniers de toutes sortes d'aliénations ; menacés, pourchassés, ils vivent au rythme d'une ménagerie ambulante qu'ils ont eux-mêmes dressée. Ils sont les mauvais rêves d'antihéros que leur vie quotidienne fabrique patiemment. Ils sont des personnages : comme Don Quichotte, qui n'est rien d'autre que le fantôme de Cervantès. Les Roero Di Cortanze, depuis la nuit marseillaise qui les a jetés hors de leur monde, plaident le faux pour savoir le vrai, parlent de laideur et de révolte pour connaître l'intelligence et la beauté ; mettent le doigt sur la blessure initiale de la mort pour évoquer la vie ; retournent au miracle de l'enfance pour dévoiler les cruelles apparences de l'âge adulte. L'écrivain, chargé de raconter toute cette histoire, s'en tire comme il peut. Philippe Sollers : « Finalement, une seule chose est claire : un romancier est quelqu'un qui a vu, au moins deux fois, quelque chose qu'il ne devait pas voir, et qui en triomphe. C'est tout. »

Je suis avec mon grand-père, si tendre et si bon, si malheureux loin de son Italie et de son château. Il regarde, depuis les hauteurs où est perchée la Bonne Mère, la ville de sa seconde enfance, l'enfance volée, le double nauséabond de la première, l'enfance détruite. Dans ses yeux qui se perdent dans ce passé, je crois lire comme une définition possible de la vie. Elle n'y est pas décrite telle qu'elle fut, mais telle qu'elle demeure dans la mémoire de celui qui l'a vécue. Mon grand-père, descendant en ligne directe du roi lombard Rotari, possesseur malheureux d'un titre dont il n'a plus que faire, qui l'encombre et le blesse, ne fabrique pas de la littérature familiale pour son plaisir, comme une distraction, avec de la vie, mais construit une existence avec une mémoire involontaire faite de solitude, de désarroi et de regrets. Roberto Aventino Roero Di Cortanze, gouverné par des forces qui ont depuis longtemps disparu de la réalité, a compris que les choses de la vie sont sans espoir, mais il reste – par orgueil et atavisme – décidé à les changer. En somme, sur le petit parapet qui limite la terrasse de Notre-Dame-de-la-Garde, il me laisse un message pour ma vie future : « Le bonheur, mon pitchoune, le bonheur n'existe pas, mais rien n'interdit de continuer de lui courir après. » Nous sommes en 1957, Moulinex vient de lancer le moulin à café électrique, et mon grand-père revit, dans le plein vent des hauteurs de Marseille, son « Voyage en France ». Marseille, la ville des tristes « Vêpres » du 17 juin 1881 – « les babis viennent manger le pain des Français ! », trois morts et vingt et un blessés « officiels » parmi les Italiens. Marseille du 28 août 1944, libérée après neuf jours de combats acharnés. Roberto est rue Arménу, quand la *nouba* du 3e régiment de tirailleurs algériens fait la fête, quand sonne le bourdon de Notre-Dame-de-la-Garde, quand tous les clochers de la ville se joignent à lui, quand le général de Monsabert apparaît au balcon de la préfecture : « Il n'y a pas de mots pour dépeindre cet enthousiasme, cette chaleur, cette popularité. La Canebière bordée de blindés, de troupes, tirailleurs et goumiers défilant. » Roberto, l'Italien, toujours « fier d'être marseillais »…

Le trajet se poursuit. Après Frinco, un détour par Scurzolenco et Castagnole Monferrato. Le premier château, propriété du comte Federico Cotti jusqu'à sa mort en 1849, est aujourd'hui divisé en appartements. Le second est un curieux ensemble de bâtisses de briques rouges fichées sur une muraille, abandonnées depuis le XVIIIe siècle… Partout ces mêmes corniches dentelées : briques et tuiles…

La metà del mondo vista da un'automobile

La première fois que j'entendis parler de l'*Amérique latine*, ou plutôt de l'*Amérique du Sud*, notion plus géographique que politique, c'était dans l'appartement parisien de mon extravagante et richissime marraine Norah – très exactement, le 7 janvier 1959. Le sujet de la conversation ne concernait nullement l'entrée, dans les rues de La Havane, d'un certain Fidel Castro – il venait de retrouver Che Guevara et Camilio Cienfuegos –, mais mon ancêtre Carlo Osvaldo Cesare Aventino Roero Di Cortanze qui, après avoir parcouru le Turkestan, le Cachemire, le Tibet, l'Inde, et tenté en vain d'introduire la culture du thé en Italie, avait provisoirement délaissé la carrière diplomatico-militaire, à laquelle toute l'histoire de notre famille le destinait, pour la culture du tabac… à Cuba. On lui doit deux livres : *Il the in Italia, et Ricordi dei viaggi al Cashemir, Oiccolo e Medio Tibet e Turkestan…* Longtemps, l'*Amérique du Sud* fut, pour moi, ces vieilles boîtes de cèdre décorées dans lesquelles le mystérieux ancêtre expédiait ces cigares, ces pots remplis de vieux tabac haché (pour la pipe), ces coffrets ouvragés pleins de poudres de *rapé*, et gardés ostensiblement par deux hérons d'argent, une patte pliée sous le ventre tandis que l'autre plongeait dans un socle ouvragé figurant un marais poissonneux.

Le temps passa. Je me souviens d'un extraordinaire livre de Rafael Karsten, professeur honoraire à l'université de Helsingfors, *La Civilisation de l'empire inca*, parsemé de noms étranges – Viracocha-Pachacamac, Inti, Mama Quilla, Pacha Mama, etc. –, et qui se terminait sur des pages très sombres. Pour ces sociétés qui, pendant des millénaires, avaient vécu isolées du reste du monde, l'arrivée des Espagnols avait signifié la ruine de leur civilisation. Longtemps, ce sentiment de défaite fut le tamis qui me permit de séparer les éléments de la réalité hispano-américaine. Avec l'apprentissage de la langue espagnole et les voyages, une autre Amérique du Sud s'ouvrit à moi : plus ludique et lumineuse ; me permettant d'inclure, dans mon « rêve américain », les musiques, les danses, les nourritures, une vaste littérature. Enfin, et surtout, vint la grande époque des amitiés profondes. Je

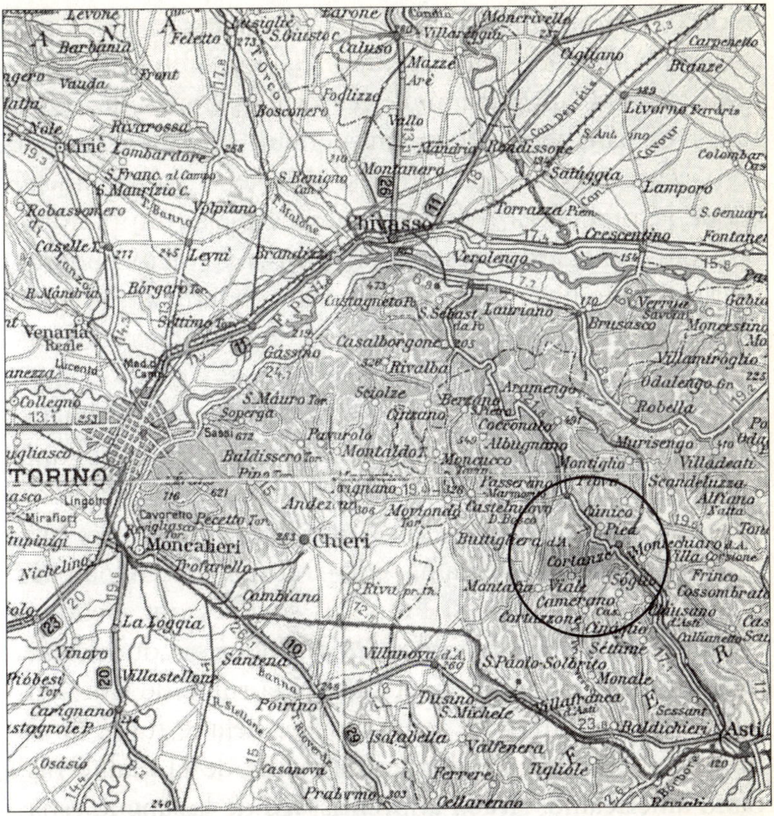

Carta d'Italia, foglio 3. Touring club Italiano, 1903. Mon « triangle d'or » : Torino, Asti, Chivasso.

me souviens de Julio Cortázar, qui m'initia au réalisme magique, et des larmes de cet éternel adolescent arpentant le boulevard Saint-Michel sous la pluie : Allende venait de mourir. Nous noyâmes notre chagrin dans des verres d'alcool de prune. Je me souviens d'Adolfo Bioy Casares, ce champion fragile, veste de coupe anglaise et sobre cravate, qui regrettait toujours, lors de nos rencontres au Café de la Mairie, sur la place Saint-Sulpice, de ne plus pouvoir jouer au tennis avec moi. Il se vengeait en me confiant sous le sceau du secret de douces horreurs au sujet de son vieux rival et ami Jorge Luis Borges. Je me souviens de Mario Vargas Llosa, qui me raconta comment lors de sa fameuse campagne aux élections présidentielles péruviennes, il luttait contre l'appauvrissement du discours politique en écrivant chaque soir après ses meetings un livre érotique surchargé de scènes torrides. Je me souviens du Cubain Severo Sarduy, qui m'initia à la fureur du baroque et aux labyrinthes du grand José Lezama Lima.

Je me souviens… Je me souviens… La liste est interminable, de ceux, qui, de Juan José Saer à Alfredo Bryce-Echenique, en passant par Jorge Ibarguengoïtia, José Emilio Pacheco, Armando Uribe, Alejandro Jodorowsky, Osvaldo Soriano, Alicia Dujovne-Ortiz, Ana Istarú, etc., continuent d'attiser en moi la flamme de l'Amérique du Sud. Sans oublier deux amis, auxquels je voudrais rendre un hommage particulier : Carlos Fuentes et Ernesto Sábato. Du moins est-ce ainsi que j'en parle à mon chauffeur italien, tandis que dépassant la ville d'Asti – nous

La tour Roero Di Cortanze à Asti.

gardons pour une autre fois la visite de la *Torre* et du *Palazzo Roero Di Cortanze*, à Asti – nous remontons vers Castellero, Monale, et Settime. Carlos Fuentes me rappela que les vaincus de la conquête espagnole sont désormais les vainqueurs. Ernesto Sábato me donna un jour une leçon de vie qui vaut tous les savoirs du monde : « Mon très cher ami, tu sais, la seule vérité est celle du cœur. » Aujourd'hui, les boîtes de cèdre de mon ancêtre voyageur ont disparu. Reste le rêve qu'elles ancrèrent à jamais dans l'esprit d'un petit garçon de dix ans : une ivresse, une folie, l'éblouissement devant la magnificence d'un mot prononcé dans la pénombre d'un salon. *Amérique du Sud*, avec un *S* majuscule à *Sud*.

Mais cette ivresse, cette folie, cet éblouissement ne sont rien à côté des souvenirs croisés du château familial et du rêve provoqué par l'épopée automobile de mon grand-oncle. « De Cortanze, de Cortanze… Comme Charles, le coureur automobile ? Vous êtes de sa famille ? » Combien de fois ai-je entendu cette question, posée, en général, par une personne d'un certain âge… « Oui, c'était mon grand-oncle. » Ou, je ne sais pourquoi, préférant cette formulation : « Oui, c'était le frère de mon grand-père. » Ses exploits ont nourri nombre de mes rêves d'enfant. J'aurais dû un jour l'en remercier. Je n'ai pas pu le faire. Les histoires de famille sont parfois complexes… C'est un des regrets de ma vie. Il me reste des photos, ces pièces tronquées de la mémoire qui la rendent mauvaise, fautive, qui ravaudent la réalité vécue.

Les photos, je les aime. Elles sont le dernier vestige du passé. Derrière la désinvolture ou la maladresse technique, la photographie ne parvient jamais à exorciser la mort. Elle invite à la remémoration : on y voit le visage du père, hagard, un peu triste, se relever au-dessus de son Kodak. Ce regard, bien sûr, ne figure pas sur la photo mais on en parle tellement lorsque la famille réunie se penche sur son album, entretient sa nostalgie, ce deuil trop convenable du bonheur. Quelques-unes de ces photos, particulièrement, m'accompagnent. Charles, en imperméable à la Humphrey Bogart, devant la Peugeot n° 38, montée sur un châssis d'Amilcar Pégase, monoplace avec laquelle il remporta la coupe de l'AGACI, en juillet 1947. Charles, au départ de Bucarest, lors du rallye de Monte-Carlo 1934, ou arrêté dans la neige à côté d'un montreur d'ours. Charles, au volant de la Darl'mat Peugeot n° 24, immatriculée 5854W1, avec laquelle il se classe premier de la catégorie 2 litres aux 24 heures du Mans 1938. La photo de la victoire me touche particulièrement : le coureur, le visage aussi noir que celui d'un mineur, porte dans ses bras un fort bébé âgé d'un an, Christian. Tout le monde semble avoir oublié le pilote et n'a d'yeux que pour le bambin joufflu qui deviendra réalisateur et un des plus grands cameramen de grands prix automobiles d'aujourd'hui.

Mais il est d'autres photos, comme celle prise en 1955 sur le circuit de vitesse des Sables-d'Olonne. On y voit une jeune femme, en short très court, et chaussures ajourées à talons. Elle a de longues jambes, elle est bronzée, les cheveux relevés en arrière. Elle pose aux côtés d'une DB Monomill, ces petites monoplaces animées par un moteur de 850 cm³ développant 55 CV et qui sont capables d'une vitesse de pointe de l'ordre de 170 km/h. Le pilote cache sous une casquette blanche un sourire figé par la peur : c'est moi, j'ai sept ans. Je me prends pour Charles. Effrayé par l'éventualité d'un démarrage soudain du monstre rouge, je pisse littéralement sur le siège de cuir du bolide, tout brûlant de la course qu'il vient d'accomplir. Et si la voiture se mettait en marche toute seule, que faire ! Charles ne peut pas m'aider, il est une nouvelle fois brouillé avec son frère… Quelle poisse que les conflits familiaux !

Retournons à l'album photographique. Le Cap-Alger 1951. À gauche, Mercier ; à droite, Cortanze. En arrière-plan, un break 203. Sous le cliché, une légende : « Ils ont vaincu l'Afrique, bouclant l'aller-retour Paris-Le Cap-Paris à 60 km/h de moyenne. » Chacun a ses madeleines. Les miennes sentent l'huile de moteur, les vapeurs d'essence, les odeurs de garage, et me font rejoindre André Mercier et Charles de Cortanze sur les routes du raid Le Cap-Alger-Paris. Aussi, depuis sa création, chaque année, ce qu'on appelle « le Dakar » me fait faire un étrange retour en arrière. Mon enfance compta trois Charles : Charles Trenet, Charles de Gaulle et Charles de Cortanze. Le premier me fit don d'un titre de livre, *Les enfants s'ennuient le dimanche* ; le second me jeta dans la politique ; le troisième m'inocula à jamais le virus de la course automobile. Rien de bien étonnant à cela, me dit un jour Erik Orsenna : sur le blason des Roero Di Cortanze figurent les trois roues d'un char revenant des

Circuit automobile des Sables-d'Olonne, août 1955.
La jeune femme en short, c'est ma mère. Je suis au volant
de la DB Monomill, effrayé par l'éventualité d'un démarrage
soudain du monstre rouge.

croisades, la quatrième s'étant brisée. Une affaire de roues, en somme !

En 1951, j'ai trois ans. Ce que je sais du rallye familial relève du récit, des rumeurs parentales, de la légende, de la narration, de la littérature en somme – ce qui ne peut que combler un écrivain. Donc, je ne connais de cette traversée de l'Afrique, dans une fourgonnette break 203 de série, sur des routes à peine tracées, que peu de choses. Mais cette aventure est inexplicablement présente en moi et, d'une certaine façon, modela l'espace mentale de ma petite enfance. Un peu comme certains livres que vous n'avez jamais lus, que vous ne lirez jamais et qui pourtant vous habitent et vous influencent. Quand j'affirme ne connaître cette aventure que par le biais de la parole familiale ou de quelques coupures de presse, c'est inexact. Cette « Route sauvage » a donné lieu à un livre, noir et rouge, publié par Amiot-Dumont à Paris. Sur sa couverture, on y aperçoit une 203 immatriculée 5063-h-75, qui peine dans une ornière aux côtés d'un lion poussif qui regarde à ses pieds le cadavre d'un zèbre.

Cet incunable fut toujours manié, dans la famille, avec soin, et ouvert dans de rares occasions. Dédicacé « Avec toute mon affection, à mon frère Robert », il était soigneusement rangé sur les rayonnages vernissés d'un petit cosy-corner qui contenait tous les livres composant la désuète bibliothèque de mes grands-parents. Assis sur les genoux de mon grand-père, je vois un éléphant qui agite ses larges oreilles, ou l'okapi, cette antilope très rare vivant en forêt, ou les chutes du Zambèze, ou des troupeaux de zèbres. Mon Charles de Foucauld n'a pas fomenté en moi un désir d'Afrique ou de désert, mais d'automobile.

Revenons aux genoux de mon grand-père, je ne me lasse pas de tourner avec lui les pages du livre. Une photo me fascine, et me fascine encore : on y voit Charles, souriant, entouré d'enfants noirs, une route, une forêt, le break 203, et là encore une légende, inconcevable aujourd'hui : « Cortanze et *ses* pygmées. » Livre fétiche, livre relique, perdu et retrouvé, que mon père refusa toujours de m'offrir, ou plutôt dont il refusait de se séparer, car cette aventure, sans doute aurait-il aimé la vivre, comme toutes celles que nous faisait vivre, par voitures de course interposées, Charles, mon grand-oncle, le frère de mon grand-père, Charlie pour les intimes.

La Route sauvage, livre unique de mon enfance. Il évoque pour moi le circuit Buggati au Mans, le bleu de France des « Talbolagos », les courses d'automobiles pour lesquelles mon père était fait – qui devait courir avec Charles, proposition à laquelle s'opposa toujours mon grand-père : drame familial, rancœur –, mes premiers pas, mes premières petites morts, dans un Saint-Ouen de l'immédiat après-guerre, et mon triangle d'or : le stade du Red Star, le marché aux puces, le dépôt de pneus de l'usine Michelin... Plus que les grands prix courus ici et là, je le répète, c'est le « Paris-Dakar » qui réveille en moi le souvenir de Charles et des coupes auxquelles il participa. Mais le « Paris-Dakar » ressemble à un compromis entre le rallye de Monte-Carlo première version et le Camel Trophy. L'itinéraire du rallye-raid emprunte des corridors de sécurité, des ouvreurs tracent les pistes, des voitures médicales et des camions-balai balisent le parcours. Successivement passé de la course à la boussole au *road-book* puis au GPS, le pilote moderne ne court plus à sa perte.

Charles, Roberto, Fabrizio, et les autres, vous qui aimiez tant vous perdre, où sont les aubes minérales du massif de l'Adrar, le calme découvert d'une oasis bien réelle, îlot de verdure au milieu des pierres ? Où s'est évanouie la « glorieuse incertitude du désert », présente à chaque page de *La Route sauvage* ? L'Afrique ne peut être un champ de course, un golf miniature pour Européens mal rasés à la recherche de sensations fortes. L'Afrique de *La Route sauvage*, c'était celle de la carte Michelin n° 953, qui permettait d'oser toutes les aventures… En jaune foncé les ergs, en beige les montagnes, en noir les pistes, en bleu les sources. L'Afrique du vieux berger mauritanien qui renseigne les deux pilotes sur la route de Nouakchott, et qui ne leur donne, pour toute réponse, qu'un laconique : « C'est très loin, il y a beaucoup de sable… Le père de mon grand-père y est allé… »

En 1951, Mercier et de Cortanze n'avaient qu'un but : ne pas se perdre – pistes en latérite, savane, sentiers de brousse, « enfer vert » et gués infranchissables… Ils fabriquaient du rêve, prenaient le temps de côtoyer le sable du désert et d'éprouver la froidure des bivouacs nocturnes. Lorsque j'ouvre les pages de *La Route sauvage*, je me retrouve instantanément, à « mille miles de toutes les régions habitées ». Apparaît alors un petit garçon d'allure fort singulière, il ne tient pas une rose à la main et ne dialogue pas avec un fennec qui le prie de bien vouloir l'apprivoiser afin qu'ils deviennent l'un pour l'autre unique au monde. Non, le petit garçon pense à ce grand-oncle et à ce grand-père, enfin réunis par la force du roman, en un seul homme, enfin réconciliés. Redevenus eux-mêmes des enfants et jouant ensemble dans un château vaste et désolé. Un château en Italie.

Victor Hugo disait de la mélancolie que c'était le bonheur d'être triste. L'enfant – petits-fils, grand-père et grand-oncle – me la rend palpable, et donne de ce désenchantement humain une version qui lui est propre. « La mélancolie, dit-il, c'est la tristesse du bonheur ; c'est le temps, comprimé dans quelques notes, dans quelques pages ; où s'abreuver, où vivre. » Un livre est une fenêtre par laquelle on s'évade. Un livre, autobiographie de la fiction, irréel biographique, dans lequel, à mesure que je parcours les pièces du vieux château piémontais, je donne à mes fantasmes figure humaine, et me choisis des appellations contrôlées : angoisse, découragement, peur, curiosité, perplexité, impatience, lassitude. Le roman de Roberto fait de la vie un singulier livre sans fin, qui accepte de parler aux morts sans prendre complètement congé des vivants. Qui trouble. Qui dérange. Qui fabrique de la littérature généalogique – ce chemin qui mène à soi, aux autres, qui mène à tout : comme l'album de famille, livre mélancolique des gens ordinaires, des photographes du dimanche et de leur vie, qui vieillissent, pâlissent et s'effacent.

Je suis soudain tiré de mon rêve photographique nostalgique par mon chauffeur qui me montre du doigt, là, derrière une rangée d'arbres, une nouvelle colline, et au sommet de cette colline, dominant la *valle di Monale*, la ville de Castellero et son château, surmonté d'une remarquable tour crénelée. Son grand-père Giuseppe était natif de ce village. Giuseppe, un ancien de Caporetto, me dit-il, évoquant immédiatement la « guerre de 14 » italienne. Caporetto, Roberto y ramassa tant de blessés, comme brancardier de la Croix-Rouge… En août 1917, l'Italie en guerre vécut une des crises les plus graves de son histoire. Dans les villes, le pain commençait à manquer, des manifestations pacifistes et révolutionnaires éclataient un peu partout – elles furent sauvagement réprimées. Sur le front, l'armée était en déroute. La puissante offensive de l'Isonzo – la onzième ! – fut un échec. Les mutineries, les désertions, les sabotages se multiplièrent. Deux mois plus tard, les troupes italiennes subirent à Caporetto une terrible défaite : 10 000 tués, 30 000 blessés, 300 000 prisonniers. Giuseppe et Roberto, qui s'y échangèrent peut-être une goutte de gnole, une cigarette, une couverture, y furent tous deux blessés…

Je me souviens avoir lu un petit livre fulgurant, *La Peur*, de Federico Di Roberto, l'action en est située au cœur de cet août tragique qui vit s'affronter les troupes italiennes et austro-hongroises, sur les contreforts du massif alpin. Mon chauffeur le connait, évidemment. Nous en parlons ensemble, tandis que la voiture se dirige vers Monale, « *sul dorso della collina verso mezzogiorno e levante* ». *La Peur*, un récit parfait, dramatique, atroce. Dorgelès, Barbusse, Jünger ont écrit sur la guerre de mémorables textes. Di Roberto a choisi une distance plus courte : soixante-dix pages, à peine, pour dire l'horreur, la bêtise, le courage. Giuseppe et Roberto, dans la même boue… Repliés dans leurs tranchées respectives, les ennemis s'observent, vont même jusqu'à vivre un étrange statu quo jusqu'au jour où les sentinelles italiennes sont abattues les unes après les autres. Que faire ? « Envoyez-en d'autres, bon Dieu ! – Ils me les abattent au fur et à mesure que je les envoie ! – Envoyez-en jusqu'à ce que les hommes abattus forment un rempart ! »

Connu en France comme l'auteur du magistral *Les Princes de Francalanza*, Federico Di Roberto, mort en 1927 à l'âge de soixante et un ans, n'a évidemment pas participé à la guerre de 1914-18. C'est un des intérêts du livre. Proche de l'école naturaliste française, ce qui relève chez lui d'une inclinaison de l'esprit plus que d'une attitude littéraire, Federico Di Roberto prend le recul nécessaire que toute implication autobiographique lui aurait sans doute interdit. Le protagoniste principal du récit, un lieutenant ébranlé par ce qu'il est en train de vivre, mais qui se refuse à ne pas appliquer les ordres, est entouré de soldats issus des quatre coins de l'Italie. Chacun s'exprime dans son dialecte. On vient de Lombardie et de Sicile, des Abruzzes et des Marches, du

Piémont et de l'Ombrie, mourir pour rien au pied des Alpes. Mais oui, tout est là : l'éparpillement des langues observé par Di Roberto est comme une sorte d'allégorie : ce corps dispersé est à la fois justification du sacrifice et image du morcellement de l'Italie. La peur, de Giuseppe, de Roberto, et de tant d'autres... La peur est un thème universel. Le cardinal de Retz affirmait que le courage était son remède le plus efficace. « Di Roberto, pessimiste lucide, lui oppose le suicide », conclut mon chauffeur. Il a raison.

Le brouillard qui nous avait accompagnés par vagues depuis le matin, flottant comme une écharpe sur les collines de la province d'Asti, avaient cessé de s'effiler, de se balancer, de s'étaler. Il faisait un beau ciel clair, bleu. Nous empruntâmes la route qui longeait Settime et son château, aujourd'hui moins majestueux que sur la lithographie du Gonin. Mon chauffeur esquissa un petit sourire : « Vos ancêtres sont aussi passés par-là... » « Par Settime ? Je ne le savais pas... » Nous longeâmes la corniche boisée, apparut la longue rangée des arches médiévales : « *Successivamente Ruffino Grassella vende nel 1407 metà del feudo a Opizzone Roero, signore di Piea, Cortanze, Mombarone e Valleandona. Settime rimane ai Roero fino alla metà dell'Ottocento, con una interruzione negli anni sessanta del XVIII secolo.* » Comment appeler ce voyage ? Chaque porte ouvre d'autres portes, chaque chemin conduit à d'autres chemins, d'autres carrefours, archives sur archives, documents sur documents... *Siede sul dorso di amena collina, dominato dall'antico castello di casa Roero...*

La chiesa della SS. Annunziata, à Cortanze.

Le mie radici

Dans son volumineux *Livre des mémoires*, œuvre insaisissable plus proche de l'oubli que de ce qu'on appelle en général le souvenir, l'écrivain hongrois Péter Nadas fait l'éloge de sa marginalité. Il dit notamment ceci : « Je ne cherche pas à écrire un carnet de voyage, je ne puis écrire que ce qui m'appartient en propre, comme, disons, l'histoire de mes amours, et encore, car je ne m'estime pas capable d'entreprendre de parler de ce qui aurait une portée plus vaste que de simples expériences personnelles (...). Alors, je suis prêt au compromis : que cet écrit soit une sorte de recueil de souvenirs ou d'aide-mémoire, quelque chose de lié à la douleur et à la volupté de la réminiscence, quelque chose que l'on est censé rédiger sur ses vieux jours ». Cette déclaration d'intention, avec ce qu'elle contient de mensonge et de vérité, de bonne confession et de mauvaise excuse, doit être rapprochée de l'essai de Walter Benjamin sur Proust que je citais dans un chapitre précédent. Revenons à lui. L'œuvre littéraire, au fond, tout comme la vie et les actions véritables, celles qui comptent, n'est jamais que *l'imperturbable développement de l'heure la plus banale, la plus fugace, la plus sentimentale et la plus faible* dans l'existence de celui à qui appartiennent cette œuvre littéraire, cette vie et ces actions véritables. Écrire, n'est-ce pas tenter de réduire, avec les moyens du bord, la distorsion croissante, à mesure que la vie s'approche de sa fin, entre la littérature et l'existence ? Tout projet d'écriture osé, ambitieux, périlleux ne cherche pas à décrire la vie telle qu'elle fut, mais telle qu'elle demeure dans la mémoire involontaire du narrateur. En somme : la littérature c'est de la vie privée, et la vie privée, c'est de l'Histoire du monde. Pour ce qui nous concerne, celle de l'Europe, avec ses guerres et ses hécatombes, et ses *habitants-citoyens* qui ont perdu le sens du tragique mais vivent chaque jour dans la tragédie. Nous sommes tous des rescapés, membres d'une civilisation en sursis, sans Dieu visible donc sans salut probable. En sismographe de son temps, en Balzac réaliste, l'écrivain observe l'étendue du désastre. J'ai ici, en Italie du Nord, dans le triangle très personnel formé par les villes de Turin, de Chivasso et d'Asti, la confirmation de cette intuition : l'infini généalogique est un élément à part entière de la danse de l'univers.

Les armes de la famille. « Lo stemma è di rosso alle tre ruote d'argento, poste due a capo ed una in punta, sormontate da almo chiuso con tortiglio e svolazzi di colore dell'arme : fiancheggiato da due selvaggi od Ercoli, armati di clava. »

Dans *Madame Bovary*, Gustave Flaubert compare l'amertume à une odeur, plus précisément, à une « odeur de résine », celle qui vient parfois gâter le plaisir de certains vins. Reconnaissons que les relations tissées et détissées entre les hommes et les femmes sont très souvent teintées de cette même amertume qui en constitue toute la grandeur et toute la tristesse. Les mâles de la famille Roero Di Cortanze, qui ne semblent guère à l'aise dans l'analyse des turpitudes de l'âme, et qui mêlent très souvent sentiments et actions, ont avec les femmes d'étranges rapports. On a l'impression qu'ils poursuivent inlassablement leur dialogue avec elles autour de l'inévitable amertume, épisode fatidique de la connaissance intérieure humaine, qu'ils appellent, au crépuscule de leur vie, le temps perdu.

J'ai l'impression que Roberto fait exception. Il est un homme de son temps, pense et agit comme tel, mais reste souvent en retrait, et ne parle jamais de sexe, ou si peu. Dans ma mémoire d'enfant, ma famille est asexuée. Je me souviens d'un parent électricien – oncle, cousin éloigné, je ne sais –, né et mort sur la butte Montmartre, qui « cadrait » mal avec le passé prestigieux de la famille. Il maniait une langue étonnante, qu'on disait grossière, impossible – « Il est des faubourgs », disait ma grand-mère… Lors d'un de ces dîners réservés à la branche paupérisée de la famille, le fameux électricien parent éloigné décréta : « Chez les marquis Roero Di Cortanze, on ne baise que les années bissextiles ! » Cela fit scandale. Un scandale de plus… Il avait une femme évanescente et fragile, au teint d'ivoire, aux vêtements vaporeux, qui portait de merveilleux bijoux et laissait derrière elle un sillon de parfum tenace. Je compris bien plus tard que les tissus de ses robes venaient de coupons bon marché, que ses bijoux étaient en toc et que son parfum enivrant n'était qu'une vulgaire eau de Cologne achetée aux puces de la porte de Clignancourt… Elle s'appelait Cécile. J'en étais fort épris. Dans mon souvenir, elle était morte subitement d'un violent chagrin d'amour. Ce que ne confirma pas une enquête récente : Cécile, qui avait un penchant affirmé pour les litrons de vin du Postillon, fut emportée par une cirrhose alcoolique !

Chère Cécile de ma prime enfance, qui avait l'habitude de laisser traîner ses sous-vêtements, culottes, soutiens-gorge, chemises de nuit et autres gaines de couleur toujours vive qu'on cachait subrepticement à chacune de nos visites. Un jour que j'avais été envoyé en éclaireur, pendant que le reste de la horde familiale achetait une galette des rois au boulanger du coin, j'eus la surprise de trouver la porte de l'appartement de Cécile entrouverte. Je frappai. « Entrez, entrez, je vous attendais », dit une voix venant du fond de l'appartement. « C'est Gérard. » « Je vous attendais, ferme la porte, le courant d'air… » Elle ne finit pas sa phrase. « Tu es tout seul ? » Je réussis à bafouiller : « Maman et Mémère sont en train d'acheter la… » Cécile venait de sortir de la douche, entièrement nue. Ruisselante des pieds à la tête. C'est la première fois que je voyais une femme « en vrai », dans le plus simple appareil, avec de vrais seins et un vrai sexe de femme. Un triangle entièrement noir. C'était donc cela que mon parent électricien appelait, sous le regard furibard de ma grand-mère, « la chatte ». Je restais pétrifié enfoncé dans le vieux fauteuil de cuir jaune. Cécile se pencha vers moi et m'embrassa, le plus naturellement du monde. « Tu vas bien, mon chéri… » Je sentis ses seins contre moi, les gouttes d'eau. Ma main droite, pendant le long du fauteuil, toucha la « chatte ». « Tu as déjà embrassé une fille ? » « Oui… Non… Pas vraiment… » Ce fut mon premier baiser, long, voluptueux. Ma main resta coincée entre un des bras du fauteuil et les cuisses de Cécile. Le temps explosa. Combien d'années restâmes-nous ainsi ? On sonna à la porte. « Va ouvrir. » Personne ne s'aperçut de rien. Cécile sortit de sa chambre habillée en quelques secondes. On déboucha la bouteille d'Asti Spumante. Galette, couronne, bla-bla-bla… Parfois, Cécile me regardait en souriant. De plus en plus enfoncé dans le fauteuil de cuir jaune, je réussis à sortir ma main droite de l'étrange engourdissement dans lequel elle était tombée et la respirai. C'était un parfum étrange qui faillit me fait perdre pied. Cécile me regardait en train de sentir l'odeur de sa chatte déposée sur ma droite. Personne ne s'apercevait de rien. Elle trouva la fève et me choisit comme roi. « Tu dois l'embrasser », dit Lucien, qui était rentré de son travail. Cécile s'exécuta en me glissant à l'oreille : « Tu es beau, monsieur le vice-roi de Sardaigne. » Dans les jours qui suivirent j'utilisai mille stratagèmes pour éviter de me laver la main droite. Je ne revis plus jamais Cécile. Six mois plus tard elle était morte. Je ne sais pas pourquoi, mais cette vieille histoire d'enfance me rappelle un livre d'Henry Miller dont le titre m'échappe, dans lequel il décrit comment, fasciné par la réalité impénétrable du sexe féminin, il prend une lampe de poche et exige de la prostituée avec laquelle il est en train de copuler qu'elle « écarte les jambes et lui ouvre les portes de son sanctuaire ». Plotin a tort lorsqu'il affirme que les anges, en dépit de leur nature spirituelle, possèdent un corps analogue au corps humain – donc un pénis –, ce qui leur permet d'avoir des rapports sexuels avec les femmes de la race humaine. Dans la fameuse discussion byzantine, à laquelle se consacrèrent jadis des générations de théologiens, le souvenir de Cécile m'aide à prendre parti : les anges sont de sexe féminin, et possèdent une « chatte ».

Cette longue digression pornographique me permet d'affirmer que la blessure principale ne vient pas, dans ma famille, d'un rapport exacerbé avec la chose sexuelle. Mais plutôt avec la guerre, lieu de passions et de règlements de comptes familiaux. Le vieux passé croisé remontait sans cesse à la surface. J'ai déjà parlé de cette « noblesse d'épée », toujours prête à tirer son hachoir de son fourreau. Sans être belliqueux, les Roero Di Cortanze ont un penchant évident pour le pugilat, la bagarre, la lutte, le duel. À l'aube du XIXe siècle, le curé de Cortanze, refusant les avances de Maria Galante Roero, l'apprit à ses dépens. Il paya de sa vie sa feinte ou réelle indifférence. Toujours est-il que l'antique chiesa della SS. Annunziata à Cortanze s'orne aujourd'hui d'une *antica porta murata* dont la présence reste encore assez mystérieuse : « *I Roero avevano l'ingresso personale sul lato sinistro della chiesa, in via*

Roma di fronte al castello, e due branchi riservati alla loro famiglia, in cui nessun altro poteva sedersi. La marchesina si innamorò perdutamente del parroco, ma non fu corrispota. Infelice e disperata perché respinta, un giorno entrò dall'ingresso laterale e sparò al sacerdote, che stava celebrando la messa, colpendolo a morte. A seguito di questo la chiesa venne chiusa e sconsacrata e la porta laterale fu murata. Oggi passando per la via si può ancora intravedere la forma della porta. La chiesa, poco tempo dopo, venne riaperta e riconsacrata dal Vescovo di allora. Ai bambini disobbedienti veniva raccontato che l'anima in pena della marchesina che vagava per il castello, soprannominata Maria Galante, li avrebbe portati via durante la notte. »

Cet épisode de la légende familiale, raconté par mon arrière-grand-mère Lelas, femme d'Eugenio, fils de Vittorio, lui-même fils d'Ercole, fait de la marquise Maria Galante une victime : elle meurt, assassinée par le curé éconduit, sur les marches du château. Une autre version, narrée par ma mère qui la tenait de mon grand-père, dit que c'est le mari de Maria Galante qui, ayant aperçu sa femme dans les bras du curé, monta dans la tour d'angle du château, pointa son fusil en direction de la porte ouverte de la sacristie et, visant la traîtresse, toucha mortellement le prêtre ! J'aurais pu faire de ces récits funèbres un épisode de mon livre *Les Vice-rois*, ou un roman à la Dumas. Tel n'est pas mon propos, comme ne l'est pas non plus de raconter mon lien avec Michele Pezza, bandit napolitain, plus connu sous le nom de Fra Diavolo, dont ma mère est la descendante en ligne directe ! Les légendes ont la vie dure, recouvrent les faits d'une crasse, ou d'une aura que les siècles ne font que rendre encore plus tenace. Michele Pezza dut à Auber et à Scribe, dont la pièce *Fra Diavolo ou l'Hôtellerie de Terracine* fut jouée à l'Opéra-Comique de Paris, le 28 janvier 1830, de voir sa vie de bandit de grand chemin au renom plus que sinistre, marquée de tant de crimes et de sang, transformée en modèle à suivre : le hors-la-loi sanguinaire y devient un détrousseur plutôt brave, généreux, spirituel, galant, et de surcroît au cœur pur. Le livre que René Andriot consacra à Fra Diavolo se termine sur ses mots : « Ainsi finit, le 11 novembre 1806, Fra Diavolo qu'un roi fit colonel et duc et qu'un autre traita en bandit. » Je ne dirai évidemment rien des neufs bobines de l'affreux *Fra Diavolo* tourné en 1933 par Hal Road et Charles Roger, avec, comme principaux interprètes, Stan Laurel et Oliver Hardy !

À côté de la légende très enfouie du château familial, mon grand-père n'eut, dans sa vie, qu'une autre grande épopée : celle de la guerre de 1914. J'ai abordé ce sujet à la fin du chapitre précédent ; j'aimerais y revenir. Cent récits courent sur sa participation, que la perception enfantine déforme et colporte. Je ne veux pas, aujourd'hui, trancher. Ma grand-mère, témoin privilégié des batailles prestigieuses livrées par son mari, est morte il y a plus de quinze ans et personne ne pourra plus me faire toucher du doigt la fausse vérité de cette histoire. C'est sans doute mieux ainsi. Je veux, et peux ainsi, rester dans le flou et l'incertitude. Roberto a donc participé de trois façons à la Grande Guerre : comme soldat français qui sera décoré à Verdun ; comme membre de la Croix-Rouge sur la Piave, où il croise Ernest Hemingway ; comme soldat italien incorporé dans une armée royale que l'incompétence de ses chefs envoie à la boucherie. Je ne peux relire le début de *A Farewell to Arms* sans penser à Roberto, à ses récits d'hiver de pluie persistante, au choléra qui décimait les armées, à l'artillerie qui n'arrêtait pas de tonner, au roi qui logeait à Udine et circulait sur le front en voiture : « Quand les pluies commencèrent, les feuilles des châtaigniers se mirent à tomber, et on ne vit plus que des branches nues et des troncs noirs de pluie. Les vignes aussi étaient clairsemées, dénudées, et toute la campagne était mouillée et brune, tuée par l'automne. Il y avait du brouillard sur la rivière et des nuages sur les montagnes, et les camions faisaient jaillir la boue sur la route, et les soldats, sous leurs capotes, étaient crottés et mouillés. » Et ceci encore, qui me fait froid dans le dos : « Dehors, la nuit tombait. Je m'informai de l'heure de l'attaque. Dès qu'il ferait noir, me répondit-on. »

Qu'ajouter à cette « histoire naturelle des morts » ? Qu'on ne parle jamais de Solferino, qui hante cependant la mémoire de mon grand-père ; son père y avait accompli ses dernières prouesses ; il y avait conforté sa haine de l'Autriche, et partant de tout ce qui de près ou de loin pouvait lui rappeler l'ère culturelle germanique, mais aussi y avait fabriqué un ressentiment puissant à l'encontre de Napoléon III et surtout des Français. La trahison de Villafranca est celle de tout un peuple, et il voit derrière chaque

Roberto Aventino, mon grand-père. La photo a été prise le 23 janvier 1917. Au dos, ces quelques mots : « À ma petite maman chérie, son petit gars qui l'embrasse comme il l'aime. »

Français un petit Louis-Napoléon Bonaparte capable de pactiser dans son dos avec François-Joseph. Solferino, immense carnage qui marqua la naissance de la Croix-Rouge. Voici la lettre du colonel Laure envoyée à M. Ferrat, lui annonçant la mort de son fils : « Cher monsieur et pauvre père. Hélas ! J'ai la profonde douleur de vous annoncer que votre cher enfant, l'un des meilleurs officiers, est mort en héros français et chrétien, emporté par un boulet autrichien, dans la matinée du 4 juin, vers midi, à l'attaque de gauche du village de Boffalora, quelques heures avant la bataille de Magenta. Pleurez, pleurez, pauvre père, votre perte est irréparable ; mais n'oubliez point que les héros sont des martyrs dont la place est marquée au ciel près de Dieu, et qu'un jour vous retrouverez là votre cher enfant pour ne plus le quitter. »

À la maison, on ne parle jamais du Duce, lequel, pour Roberto, n'existe pas. On lui préfère Garibaldi, l'ancien marin, et Victor-Emmanuel, soldat ambitieux et habile, qui a su faire du Piémont le seul État constitutionnel dans une Italie asservie. La véritable guerre de Roberto est celle qu'il mène pour la reconnaissance de son passé, qu'il renie mais qui l'habite si profondément ; pour sa dignité d'homme, qui poursuit toute sa vie une intégration pleine et entière, et qui meurt en restant à jamais pour les Français de souche de son quartier un « macaroni à particule », un prince déchu, un exilé cherchant dans le mensonge la somme de vérité qui lui aurait permis de se construire une autre vie. Roberto, en France, poursuit jusqu'à sa mort sa propre guerre d'Italie, entre Turin et Asti : la guerre de la mémoire.

Voilà un beau thème de réflexion, un labyrinthe de vie où se perdre. Je me souviens d'avoir lu, dans un livre de Claudia Moatti consacré à Rome, la phrase suivante : « Le temps est réversible – le passé inachevé. » Elle définit très exactement la vie de cette famille arrêtée à la frontière italienne, et qui semble avoir laissé entre Turin et Asti sa substance. Une vie close, fermée sur elle-même, comme une ville désertée par ses habitants, rendue inerte par la chaleur de l'été. Publié en 1979, le livre de Lalla Romano, *Una giovinezza inventata*, emprunte son titre aux premiers mots d'une citation d'Elias Canetti : « Une jeunesse inventée, qui devient vérité dans la vieillesse. » Celle-ci pourrait être mise en exergue à nombre de vies, dont la mienne quand le temps sera venu. Comme Lalla Romano, j'aime soumettre les rêves à l'épreuve de la réalité, mais plus encore revenir sur mes pas, dès lors que ce retour est gage de marche en avant, de futur proche, d'aventure. Les livres de Lalla Romano me sont proches. *La Pénombre*, où tout au long des rues de Ponte Sutra, elle recherche des disparus familiers. *Tout au bout de la mer*, dans lequel elle raconte quatre années de son histoire d'amour avec Innocenzo, avec, en toile de fond, le fascisme italien. *Une jeunesse réinventée*, pour revenir à ce titre : elle y retraverse le Turin des années vingt, la ville chérie de sa vie d'étudiante.

Il y a dans la démarche de Lalla Romano quelque chose de ce qui m'anime aujourd'hui. Ses romans de la reconstitution suivent la même voie que la route qui tourne aujourd'hui autour de Cortanze, et qui fait remonter à la surface de *mon* temps les vestiges précieux du monde disparu de mes ancêtres. Les livres, comme les kilomètres parcourus ce matin par la petite Toyota, savent nous rendre tangibles les conflits et les incertitudes d'une vie, ses fragments perdus ou égarés, ses traces, ses empreintes. Comme Joubert, il faut savoir « mettre un livre entier dans une page, une page dans une phrase, et cette phrase dans un mot ». Mais oui, une image, une phrase courte suffisent à rappeler l'intensité de la vie. C'est autour de la transposition autobiographique que les livres de la mémoire fragile, comme mes chemins piémontais, prennent leur véritable dimension. Qu'est-ce que la mort, sinon un fragment du temps retrouvé, un fil ténu dans la trame indéfectible du souvenir ; comme l'écrit Proust, « l'image d'une pénombre que nous avons traversée ».

À tort ou à raison je ne me sens pas un écrivain des idées mais des sensations, donc de l'exaltante et inquiétante « familiarité », de l'Histoire à taille humaine. Dans le tissu dense de la vie, je recueille quelques images, des notes dans le bruit du monde, et les entoure de silence. Ce silence, je le fréquente quotidiennement, c'est celui de mes êtres familiers, les seuls qui soient, à mes yeux, intéressants, car ils portent un secret que tous tentent en vain de percer : celui du bonheur qui se vit dans l'instant, celui des fantômes personnels, comme la belle Maria Galante qui erre encore dans les couloirs d'un château – c'est ce qu'on raconte aux enfants de Cortanze lorsqu'ils

Le château de Cortanze, par Enrico Gonin (1851),
litographe de la Maison de Savoie.

ne sont pas « sages » et qu'on veut leur faire peur ! –, qui devrait, me dit-on, apparaître d'une minute à l'autre, au sommet de sa colline, derrière une rangée de trembles, au bout d'une large échappée d'emblavure. Après Cortazzone, échangé au XVe siècle, avec Cortanze, par le *signore Di Padova*, contre Cisterna et Belriguardo ; après Camerano Casasco ; après Viale, propriété, à partir de 1753, du comte Carlo Roero Di Settime. Ici, la réalité rejoint la fiction : soudain, un pan de brume se dissipe. Le moteur de la Toyota tourne au ralenti. Il y a une odeur de bois, et de terre détrempée. C'est comme si le plancher de la voiture venait de disparaître, et que mes pieds touchent le sol, et que du sol monte une force vive. J'entends la voix d'Ercole Tommaso qui dit à Roberto : « C'est ici. C'est ici, mon fils. Mon enfant, regarde. » Place au roman : « C'était comme une apparition. Derrière la haie de mûriers, au-dessus des arbres, au bout de la colline, sous le ciel, le château était là. » Place à la réalité : plusieurs voitures noires sont garées le long de la courbe qui domine un champ à la terre ocre profondément retournée. Traces des larges roues des tracteurs. Petit vent sec. Le maire, Mario Magnone est présent. Il me sert de nouveau dans ses bras. Je dois faire un geste intelligent, prononcer des mots définitifs… La RAI TV est là. Caméra qui tourne. Ramasser un morceau de terre, voilà. C'est bien symbolique. J'en ai envie. Absurde ? Pathétique ? Je me penche. On me tend un sac en papier qu'on a extrait du coffre d'une des grosses voitures noires. Un sac élégant, noir et or : un sac « La Perla ». Rires.

Il premio letterario vive una settimana intensa

UN «GRINZANE» PER TUTTI

te sua martedì 25 gennaio, alle ore 21, al Caffè Letterario La Nottola (in via Sant'Agostino 17/c) il ciclo di incontri «Café d'écrivains» organizzato dal Premio Grinzane Cavour e dal Centre Culturel Français. Giunta, quest'anno, alla sua seconda edizione, la manifestazione metterà mensilmente a confronto uno scrittore francese e uno italiano. L'autrice nostrana prescelta per incontrare Picouly è Alessandra Montrucchio. A seguire il calendario prevede martedì 29 febbraio l'incontro tra Fruttero e Lucentini e il giornalista, sceneggiatore e scrittore noir Jean Claude Izzo; mercoledì 29 marzo Malika Mokkedem a colloquio con Fernando Gentilini, e, per finire, martedì 11 aprile, Lorette Nobécourt, autrice del romanzo «La conversazione», attualmente in corso di pubblicazione in Italia.

Irene Amodei

Nelle foto, il castello di Cortanze e lo scrittore Gérard de Cortanze

LE MIE RADICI

COSTEGGIO la cancellata che circonda la fabbrica del Carbone Lorraine a Gennevilliers. Mio padre lavora lì. Ho raccolto un ramo col quale percuoto le sbarre. E' bigio e fa freddo. Papà canticchia «Les Paumés du petit matin» di Brel. D'improvviso si ferma. L'ho infastidito: «Basta così! Un Roero di Cortanze non fa tutto questo rumore. Non sei un bambino come tutti gli altri». Ho dieci anni. Da quel giorno, l'angoscia del peso del nome, del passato, della differenza, non mi ha più abbandonato. Spesso, ormai uomo, non ho potuto trattenermi dall'evocare con i miei interlocutori la questione delle origini: la mia ossessione. Ognuno aveva la sua risposta, a seconda della sua vita. La mia risposta è il romanzo genealogico *Les Vice-rois*.

Più che un peso sulle spalle, il mio passato italiano è per me un buco nello stomaco. Che potere hanno la memoria, l'intelletto, la volontà, davanti a lui? La scrittura non mi è stata di grande aiuto. Rischiara talora una pista, è un istante fugace, e la pista si perde. Questo passato, a volte, lo tocco quasi con paura; a volte questo fiume immenso mi minaccia e mi sommerge; vi oppongo il debole flusso della mia vita. Talvolta la quotidianità mi sfugge, schiacciato come sono fra le due memorie: la mia e quella della mia famiglia. E' una vera e propria guerra: la guerra della memoria.

Quando passeggio nei corridoi del vecchio castello di Cortanze, quando consulto gli archivi di famiglia, ho l'impressione di trovarmi dal sarto. L'omino sciropposo prende le misure col metro a nastro e il gesso, punta gli spilli qua e là, traccia la sagoma del cliente, mi fa alzare e abbassare le braccia, mi fa girare a destra e a sinistra. Sono circondato dagli specchi che rimandano la mia immagine: mi riconosco senza riconoscermi. Chi è quest'uomo che qualcuno sta «confezionando», quest'uomo incompiuto che crede un romanzo possa dargli compiutezza? D'un tratto, quando l'omino tace, mi sorprendo a notare che gli specchi mi rinviano aspetti sconosciuti della mia personalità. Dalla distanza delle crociate, i Roero mi invitano a lasciarmi trasportare dall'onda che certi ricordi evocano in me. Parlare della mia famiglia significa accettare d'esser sommerso dall'emozione e dalla risacca melanconica della memoria.

Victor Hugo diceva che la malinconia è la felicità d'essere tristi. La memoria della mia famiglia rende palpabile questo sentimento, e dà la propria versione di quel disincanto umano. «La malinconia - dice - è la tristezza della felicità; è il tempo, compresso in pochi appunti, in poche pagine, a cui abbeverarsi, di cui vivere». Il libro è la finestra da cui si evade. Man mano che percorro le stanze del vecchio castello piemontese, do ai miei fantasmi una figura umana, e scelgo delle etichette note: angoscia, scoraggiamento, paura, curiosità, perplessità, impazienza, stanchezza. *Les Vice-rois* fa della vita un singolare libro senza fine, che accetta di parlare ai morti, senza prender definitivamente congedo dai vivi. Un libro che mi preoccupa, mi disturba. Che fabbrica una letteratura genealogica, una strada che porta a sé, agli altri, che porta a tutto: come un album di famiglia, un libro le cui fotografie invecchiano, impallidiscono e si cancellano.

Gérard Roero de Cortanze

Article paru dans le supplément « Torino Sette » de La Stampa, *le vendredi 21 janvier 2000.*

Étrange association, non, entre la grande marque de sous-vêtements féminins et la terre « sacrée » de Cortanze ? Titre de l'émission : *Il famoso scrittore e saggista Gérard Roero Di Cortanze, discendente da una nobile famiglia piemontese, torna ae « suo » Castello…*

Il Cortanze torni a casa quasi como un personaggio di Pavese

La vieille dame, au téléphone, dit : « Je n'ai plus de mémoire. S., elle, en a. Moi, non, je n'en ai plus. » La vieille dame, c'est ma tante. Une de mes tantes, dans cette famille que je ne qualifierai pas de « nombreuse », mais de vaste, de dispersée, d'éclatée. Je l'ai revue un jour dans la rue, par hasard. Elle ressemblait tellement à sa mère, ma grand-mère, la Diodata rêvée de Robert-Roberto, l'« Américaine » d'Ercole Tommaso. Comme ce temps qui revient est singulier ! Je n'avais pas revu la vieille dame depuis la mort de mon père, il y a quinze ans – au crématorium d'Aubervilliers. Papa en survêtement – un de ses souhaits, paraît-il ! –, allongé dans son cercueil capitonné, les bras croisés sur la poitrine ; à l'annulaire de la main gauche, la chevalière frappée des armes de la famille reproduites, stylisées, sur le sceau à manche d'ivoire : trois roues, une couronne de marquis, un phylactère avec la devise : *A Buon Rendere*. Armes tournées vers celui qui regarde, pour entrer dans la mort en annonçant la couleur. Je ne sais plus qui est resté avec le cercueil. Il faut un témoin, paraît-il, à l'acte de crémation. Quelqu'un capable de prouver que le mort qu'on brûle est bien le bon. Je ne sais plus qui est resté avec le cercueil. Pas moi, je n'ai pas voulu. Par lâcheté ? Je ne sais plus. Si c'était à refaire, comme on dit, je resterais à côté de mon père, pour lui dire tout ce que nous ne nous sommes jamais dit, tout ce que nous avons oublié de nous dire, tout ce que nous nous sommes caché, par pudeur, par bêtise – la vie aurait été plus simple, plus belle peut-être, *caro papà*... C'est de tout cela, de tout cet impalpable de la vie et du temps qui revient que me parle la vieille dame en évoquant sa mémoire qui flanche, son passé, le nôtre, dans le Saint-Ouen de l'immédiat après-guerre, à l'ombre du vieux château de Cortanze.

Jean-Marie G. Le Clézio a raison : « Les romans sont des fruits du temps qui, pour certains, doivent mûrir lentement. » Un grand auteur portugais, médecin psychiatre et portant chapeau, Antonio Lobo Antunes, qui, durant la guerre coloniale portugaise en Angola, avait pour principale mission d'amputer les blessés avec une scie de charpentier, attendit d'avoir plus de quarante ans pour écrire les livres qu'il avait ramenés de l'horreur. Les fruits du

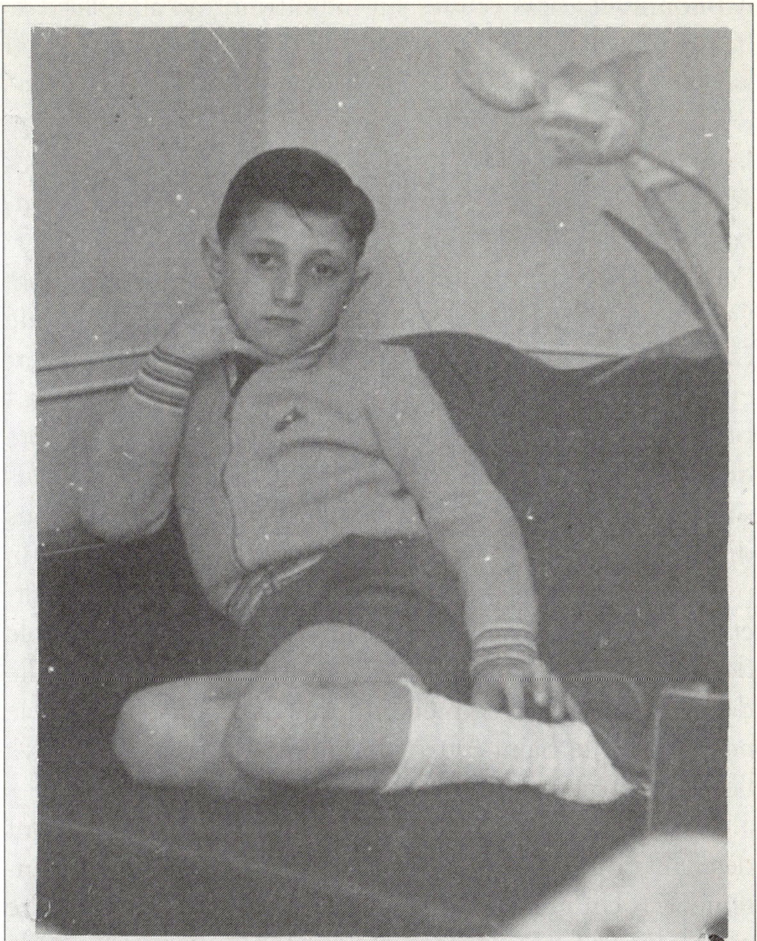

Avril 1957. « J'étais moi aussi, un Indien parmi les Tuniques bleues, un Peau-Rouge sans cesse en quête de ruse, pour survivre au milieu de tous ces Blancs. »

temps… oui, sans doute. J'ai attendu encore plus longtemps pour me pencher enfin sur ce paysage familial d'où je viens, sur cette ville de Cortanze et ses marquis qui sont le cœur de ma géographie émotionnelle. Mario Magnone trouve les mots : « *Sarà un ritorno molto classico alla terra del cuore ; letterariamente è una specie di ritorno a Donnafugata del Lampedusa o del Nievo al castello di Fratta…* » J'aurai dû attendre le mitan « théorique » de ma vie pour pouvoir écrire ce *ritorno*. Je pense à la lettre capitale que Hemingway envoie à son éditeur, Charles Scribner, en septembre 1949 – j'avais un peu plus d'un an : « Ça n'a été que lorsque j'ai eu la moitié de cent ans que je me suis rendu compte que je n'avais jamais lâché la bride au cheval pour le laisser courir. À présent il va courir jusqu'à ce que le fils de pute se casse quelque chose ou meure. »

Les personnages de ma famille, la tribu de Saint-Ouen, ou celle plus généalogique de mes ancêtres piémontais, m'apparaissent comme d'étranges miroirs déformants et me permettent, au fil du temps, de découvrir d'autres facettes de moi-même. Quand je me promène dans les couloirs du vieux château, entre les piles cornées des photos, entre les paroles des uns et des autres, les livres d'Histoire, les reliques familiales, les archives, j'ai l'impression d'être chez un tailleur. Le petit homme sirupeux prend des mesures avec son mètre souple et sa craie, pique ici et là des aiguilles, trace son patron, me fait lever et baisser les bras, me fait tourner de droite et de gauche. Je suis entouré de nombreux miroirs qui me renvoient mon image : je me reconnais sans me reconnaître. Qui est cet homme en pleine « confection », cet homme inachevé qui pense que le roman va le constituer, le finir peut-être ? En pleine séance d'essayage, soudain, alors que le petit homme s'est tu et a disparu momentanément dans une autre pièce pour aller chercher une paire de ciseaux pour couper le tissu avec ce bruit si caractéristique, je me surprends moi-même : ces miroirs me révèlent des aspects inconnus de ma personnalité. Ici, alors que je ne quitte plus des yeux le château blanc, restauré, de Cortanze, je suis comme Kafka, constatant : « Je trouve ici la hache qui brise la mer gelée en moi. »

La vieille dame a une expression extraordinaire, digne d'un romancier, à faire pâlir de jalousie un psychanalyste. Elle dit : « Pour connaître l'enfer de la famille, il faudrait une mémoire d'éléphant ! » Comment faire lorsque, justement, cette mémoire d'éléphant fait défaut ? J'évoquais, dans les premières pages de cette *Chambre à Turin*, Herman Soergel et la « mémoire » de Shakespeare. La mienne est sélective, malgré elle, pleine d'ajouts, de fausses pistes, de passé rapetassé, de manques volontaires. On disait dans ma famille : « Tu es de mauvaise foi ! » Quelle belle expression, et quelle terrible destinée que d'être de « bonne foi »... Tout au long du voyage intime que constitue une descente au fond de la mémoire familiale de ce fils-narrateur qui suit les traces du père et du grand-père, s'écrit une épopée burlesque et pathétique, en marge de la « vraie » vie, et qui, à force de raconter des mensonges, devient la seule autobiographie possible. Mes ancêtres, réels ou inventés, mes fantômes, mes personnages, je les croise chaque jour, converse avec eux. Ils me donnent la mesure du temps et des choses, me permettent de m'interroger sur ce qui constitue à mes yeux la principale tragédie de la vie : sa permanente ambivalence, grandeur et néant, bonté et égoïsme, etc.

M'installant dans mon histoire familiale, le cul sur mes archives, la loupe à la main, j'ai conscience d'évoquer, à tort ou à raison, de vieux cafés d'antan où des amis se réuniraient pour parler d'autres temps et d'autres amours. C'est un fait, je suis comme mon vieil ami Osvaldo Soriano, mort d'avoir trop fumé, mort de trop d'Argentine blessée, amoureux d'un cinéma de la vie où vivaient les plus mélancoliques nostalgies de jeunesse. C'est cela : les Roero Di Cortanze, du fin fond de leurs croisades, me poussent à me laisser porter par la vague que certains souvenirs évoquent en moi. Parler de ma famille, de ma région, c'est accepter de me laisser submerger par l'émotion, par le ressac mélancolique des souvenirs, et de tenter de surnager entre ce que Claudio Magris le Triestin appelle l'utopie et le désenchantement. D'un côté, le désir, l'affirmation que le monde ne doit pas être seulement administré mais aussi changé, sauvé, par le levain de l'utopie : sans lui, pas de vie possible ni de dignité. De l'autre, un nécessaire désenchantement. L'utopie qui croit être réalisée ou qui pense être une recette définitive est dangereuse et invariablement totalitaire. C'est la leçon du livre de Cervantès. Don Quichotte a tort et raison : Aldonza la rustaude n'est pas Dulcinée, mais, sans Sancho Pança, le chevalier à la triste figure serait prisonnier d'une anti-réalité dangereuse.

Le continuel désenchantement de Sancho Pança corrige l'utopie de Don Quichotte. De son côté, Sancho sans son maître serait plus pauvre. Ainsi, lorsque ce dernier redevient raisonnable, le valet ne sait plus quoi faire de sa vie. C'est Don Quichotte qui a le plus besoin de Sancho Pança et non le contraire, alors ? ai-je demandé à Claudio Magris. Voici sa réponse : « J'éprouve une vive antipathie pour ces révolutionnaires qui voudraient changer le monde en un clin d'œil et qui, déçus, deviennent immédiatement cyniques et rejettent avec dédain ce en quoi ils avaient si ardemment cru. Le désenchantement est un continuel enrichissement de la vie, la conscience qu'il n'y aura pas de parousie, une sorte d'espoir corrigé par l'ironie et la mélancolie. Le désenchantement corrige l'utopie et renforce l'espoir. Il protège l'espérance de ses aspects les plus faibles et les plus naïfs. » En somme, le désenchantement est le frère cadet d'un espoir dont il sait corriger l'enthousiasme.

Il y a dans cette façon de plonger en soi comme les fausses confessions d'un enfant d'un autre siècle. L'imaginaire, quelle évidence, c'est tout simplement une partie de la réalité, et le livre, pour l'écrivain, tous ses livres, sont, fondamentalement, une autobiographie déguisée : la perspective de les écrire ne l'a pas, en effet, fait renoncer à avoir une autre vie. Il s'agit même du contraire : avec l'amour, l'œuvre est la seule chose qui donne à la vie un sens extrême et neuf, « et combiné », ajoute Valéry. Revenons une dernière fois le long de la grille du Carbone Lorraine, en compagnie du petit garçon aux cheveux verts.

En tapant sur les barreaux avec sa badine, il commence de construire une fausse forteresse romanesque, une ville ouverte qui le conduira toujours vers la cité imaginaire de l'enfance que chacun porte en soi. Cette petite ville, qui sert de cadre à une histoire individuelle, se transforme petit à petit en archétype universel. Les luttes familiales, qu'elles se déroulent dans la salle à manger d'une petite maison à Saint-Ouen, ou dans la grande salle des gardes d'un château piémontais, relèvent toujours de la gigantomachie : le lieu géographique limité, comme le pensait Unamuno, y devient inévitablement le monde. Roberto, au centre fluctuant de ce monde, délivre à son petits-fils le message essentiel contenu dans la fameuse mémoire familiale : l'homme, ce marcheur immobile qui, au crépuscule de sa vie, n'est bientôt plus capable de se rappeler que les choses qui ne lui sont pas arrivées, n'invente pas mais ne fait que transmettre. Et que transmet-il à présent si ce n'est un Piémont rêvé, fabriqué, prémédité, reconstitué, contenu tout entier dans la chambre d'un hôtel turinois de la via Sacchi et dilaté à tout l'espace mythique des Langhe, du Roero et du Montferrat.

Le cortège des voitures se faufile jusqu'à la place du village. Cortanze est noir de monde. Les étendards claquent sur la tour ronde crénelée du château, des héraults en tenue de page font sonner des trompettes. Il faut faire seul, à pied, les cinq cents mètres qui conduisent à la grille du château. Les trompettes se taisent, remplacées par *La Marseillaise*, jouée par la fanfare municipale ! Accolades, poignées de mains. Députés, préfets, ambassadeurs,

Le château de Cortanze en 1899. « Les luttes familiales, qu'elles se déroulent dans la salle à manger d'une petite maison à Saint-Ouen, ou dans la grande salle des gardes d'un château piémontais, relèvent toujours de la gigantomachie : le lieu géographique limité, comme le pensait Unamuno, y devient inévitablement le monde. »

ministre de la Culture, représentant de l'Église, des corps constitués, de la police, de l'armée, conseillers municipaux, sommités locales. On me tend des enfants à embrasser, des photos à dédicacer. Je remarque des affiches sur les murs : « Bienvenue à Cortanze », « Welcome to Cortanze ». Beaucoup de sympathie, d'émotion. J'imagine la scène filmée par Dino Risi. Un hélicoptère survole la ville et fait un lâcher de tracts : *Lo scrittore e saggista francese Gérard de Cortanze torna al castello di famiglia per un incontro in cui intervengono anche il presidente del premio Grinzane Cavour, Giuliano Soria e lo scrittore Alessandro Barbero. Ore 16*. Je devrais trouver cela ridicule, j'ai le cœur serré.

Discours. J'avais préparé des pages sur le métier de critique littéraire qui ne fait rien d'autre, au fond, que de guider le lecteur vers les livres qu'il aime. Affirmant : c'est une sorte de banquier qui dit : Enrichissez-vous en empruntant. Empruntez à Borges et à Hemingway, à Pavese et à Kafka, à Pessoa et à Dante, à Stevenson, puisque la littérature est une lumineuse île au trésor. Lire, ce n'est pas perdre du temps mais en gagner – sur la vie et sur la mort. Je pensais faire un parallèle entre l'écrivain et le musicien, dire : L'artiste fait comme César, des compressions : il comprime le temps, dans quelques notes, dans quelques pages, et le lecteur s'abreuve de cette essence, de ce nectar. Oui, n'est-ce pas, dans le vaste monde, les livres se parlent et répondent à d'autres livres, et les arts forment ainsi une singulière architecture que l'homme se doit de déchiffrer.

Je voulais aussi parler de Gadda, notamment d'un de ses livres, *Les Merveilles d'Italie*, qui réunit des textes publiés entre 1934 et 1937, dans des journaux milanais auxquels il collaborait régulièrement. Ce qui m'intéressait, c'était de montrer comment des pages peuvent dépasser le cadre étroit de la chronique spécialisée et posséder une vraie dimension littéraire. Gadda parle avec la même aisance de la Bourse de Milan et des Abruzzes, des villas de l'Adda et du service de la voirie. Capable d'évoquer en termes adéquats les veaux conduits par des bogies électriques à l'abattoir, les cuisines malodorantes où l'on accommode les tripes, le jonc enfoncé le long de la colonne vertébrale pour étouffer le cœur, il peut tout aussi bien faire état d'un moment de poésie pure. Écoutez : « Quelque chose dans la casserole doit bouillir à tout prix : pour que le marteau puisse retomber en plein sur le fer ou le triage des véhicules endiablés se réaliser, sur un simple signe, sans heurts, sans remous. » Sa visite des mines de charbon de l'Arsia est de toute beauté. En compagnie des mineurs, munis de leur lampe et de leurs chaussures ferrées, il descend à trois cents mètres sous terre, dans les tournants et les croisements indéchiffrables des cavernes, décrit au passage les pompes, les citernes, les turbocompresseurs, et conclut par ces mots : « Mille huit cents hommes travaillent dans l'obscurité pour retrouver ce que les millénaires dissous avaient oublié dans les profondeurs : comme une mémoire qui récupère une idée perdue. »

Mon texte était prêt. Mes moments d'émotion, mes

pauses, mes références. J'aurais dit combien cette œuvre de Gadda me touchait, parce qu'elle constituait sur l'Italie des années trente et le peuple de Lombardie un document exceptionnel. Des amis de mon grand-père, invités « à la maison » rue des Rosiers, à Saint-Ouen, évoquaient souvent leur Lombardie d'origine, et ces années qu'ils avaient dû fuir : cyclistes exhibant des pantalons à carreaux, maçons courant derrière le tramway, paysannes tenaces qui ont noué les coins jaunes de leur foulard, nourrices s'agitant comme des perruches quand surviennent de jeunes et beaux soldats. Au centre de ce puzzle nostalgique, la ville de Milan, qui n'était plus la capitale stendhalienne mais une cité industrieuse et futuriste, « laide et mal fichue… comme certaines grandes filles démentes, qui ont grandi tant bien que mal, et dans l'abandon de tout le monde, à force de polenta et de coups ».

J'aurais gardé pour la fin, et le retour à la terre de Cortanze, après cette promenade littéraire, le texte le plus sensuel de *Merveilles d'Italie* : « Chez les repiqueuses dans la rizière », sur lequel plane l'ombre de la Silvana Mangano de *Riso amaro*. Il raconte une journée passée dans les solitudes lointaines des champs irrigués, en compagnie des travailleuses saisonnières de la vallée du Pô. Elles ont tout juste vingt ans, sont vêtues de corsages bleu pâle et rouge vif, portent des chapeaux de paille et ont leur jupe nouée au-dessus des genoux. La nuit, elles dorment dans des petits lits en fer dans les greniers des fermes ; le jour, elles parcourent les rectangles de terre submergée, séparés par

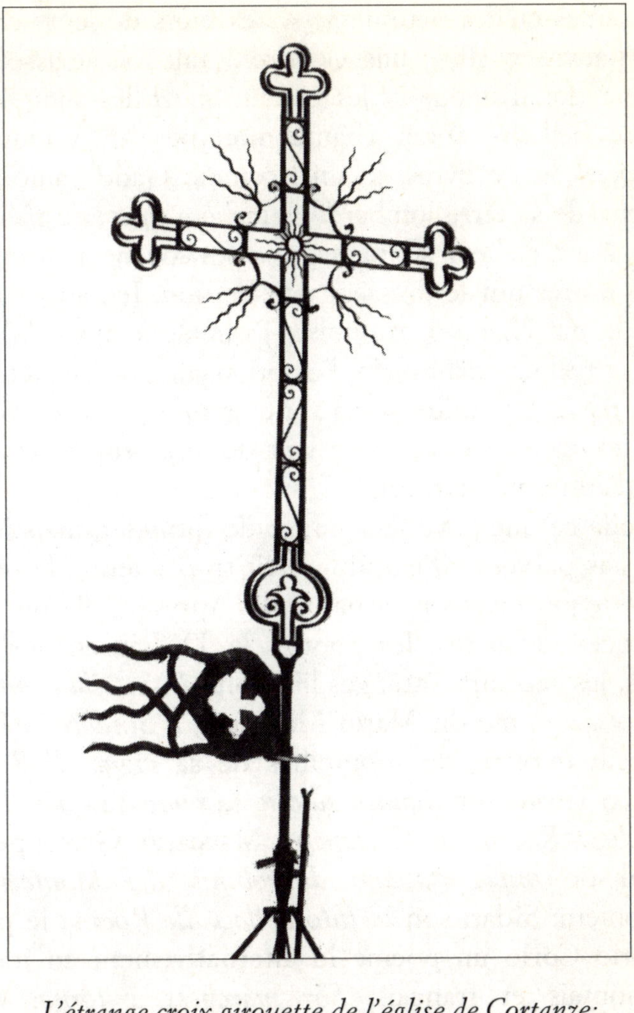

L'étrange croix girouette de l'église de Cortanze; Ercole Tommaso la regarda longuement avant de partir en Sardaigne pour y occuper le poste de vice-roi (cf. Les Vice-Rois*).*

des saules et des peupliers : « Les mots de leurs chants sont pauvres et sûrs : ainsi viendront, une fois amassée leur pauvre dot, l'amour et les enfants. » « Elles sont belles, belles, belles », aurait chanté mon père... À longueur d'articles et de livres, je suis, comme Gadda amoureux furieux de sa terre lombarde, attaché à ma terre piémontaise, à son ciel et à ses paysages, à ses couchants rouges et à ses arbres qui se dressent dans le noir. Ici, à Cortanze, où, de ma chambre turinoise, j'adresse à mon Piémont rêvé et réel un chant plein d'émotion et de poésie, rétablissant, par la littérature, « ma vérité et mon mode de voir ». Car tel est bien mon sujet : voir de mes propres yeux ce que d'autres m'ont raconté.

Voilà ce que je voulais tenter de formuler, mais je n'y suis pas parvenu : l'émotion était trop intense, la réalité de cette journée trop surnaturelle. Après les discours, les poignées de mains, les photos, la TV, vinrent les présents, les cadeaux, étranges libations *di tutta la comunità di Cortanze*, me dit Mario Magnone, *il Sindaco*... Luigi Vercelli m'offrit des bouteilles de sa *vigna di Reveli,* Enrico Tirone son *dipinto ad olio su rame* du *Castello dei marchesi Roero Di Cortanze* ; Maccario Giuseppe un bocal de *miele italiano di robinia del Monferrato* ; Antonietta Sidari son *tartufo della valle Roera* ; le poète Onorio Corio un poème lu alternativement en italien, piémontais et français, *Sôr marchess a tôrna*. Quel étrange voyage en pays de Cortanze, zone franche enfin dévoilée :

Monsieur le Marquis, je vous le dis vraiment,
je ne voulais point en parler :
après je me suis dit : quel idiot !
as-tu peur de faire piètre figure ?

dis-toi aussi le peu que tu sais
et tu verras que tu t'en sortiras :
raconte l'histoire d'une journée
que les Roero sont retournés...

Arrivant un matin à Cortanze
– la date m'a échappé de la tête –,
j'ai trouvé mon patelin tout en fête
et les gens rassemblés sur la « rivà ».

Du « fôsà » jusqu'au bout de la route neuve
il y avait plein de festons
et la musique était en train de répéter
une marche des grandes occasions.

« Qu'est-ce qui se passe – ai-je demandé à un voisin –
« qui attendez-vous avec autant de joie ?
« Les marquis – me cria-t-il à pleine voix
« Les marquis qui retournent au pays. »

De Casasco arrivaient les Bernezzo
de Montechiarro avançaient les Pelletta ;
en même temps les cloches carillonnaient
de Settime partaient les Cocconito.

Sous peu apparaît au Sabion
un carrosse à quatre roues dorées ;

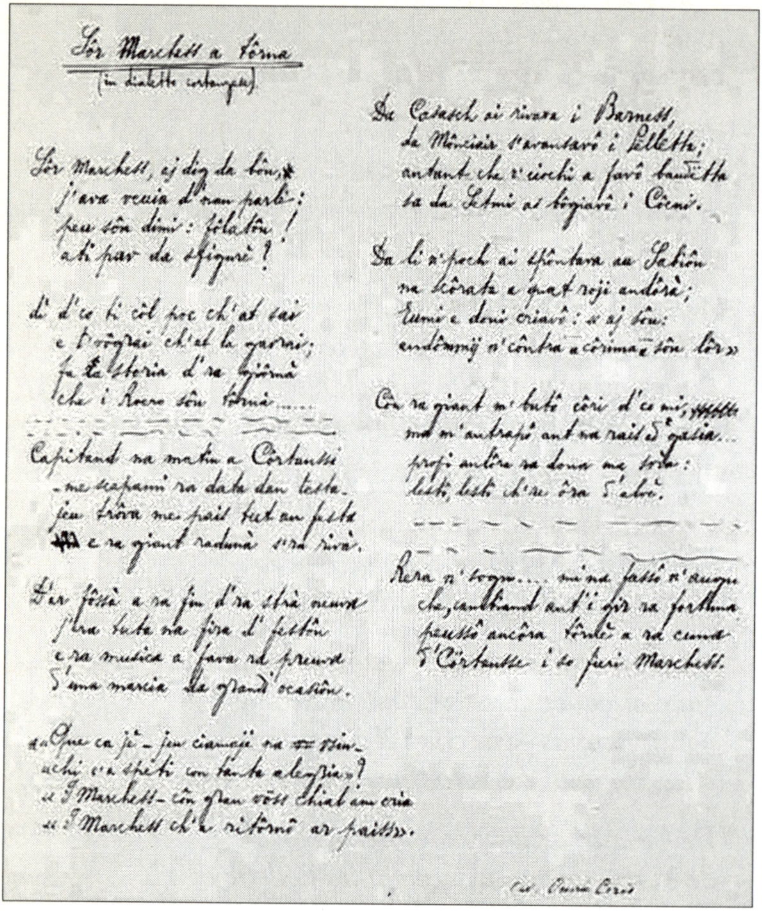

Sôr Marchess a tôrna
(in dialetto cortanzese)

Sôr Marchess, ej dig da bôn,
j'ava veuia d'nan parlè;
pea sôn dimi: fôlatôn!
a ti par da sfigurè!

Ma d'co ti côl poc ch'at sai
e t'ovgrai ch'at la savrai;
fa la storia d'ra giôrnà
che i Roero sôn tornà......

Capitand na matin a Côrtanse
– me scapami ra data dan testa –
jeu trôva me paîs tut an festa
e ra gient radunà s'ra rivà.

D'ra fôssa a ra fin d'ra strà neuva
j'era tuta na fira d' festôn
e ra musica a fava ra preuva
d'una marcia da grand ocasiôn.

«Cosa ca jè – jeu ciamajè na vsin–
«chi s'aspeti con tanta alegria»?
«I Marchess – con gran vôss chiaband cria
«I Marchess ch'a ritôrnô ar paiss».

Da Casasch ai rivava i Barness,
da Môncià s'avantavô i Pellette;
antant che r'circhi a favô bandetta
sa da Setmà as tôrjavô i Côcni.

Da li n'poch ai sfôntava an Sabiôn
na Scôrata a quat roji andôrà;
tutti e doui criavô: «aj sôn:
andômmij n'côntra a côrima sôn lôr»

Con ra gient m' butô côri d'co mi,
ma m'antrapô ant na rait d' galia...
profi antôra ra dona ma tôra:
lesti, lesti ch'ra ôra d'alvè.

Rera n' sogn.... ma na fassô n'augu
che, cambiand ant'i gir ra fortuna
possô ancôra tôrnè a ra cuna
d' Côrtanse i so fieri Marchess.

Poème d'Onorio Corio : Sôr marchess a tôrna, *écrit en « dialetto cortanzese ».*

Hommes et femmes criaient : « Ils sont là :
allons à leur rencontre, courons, ce sont eux. »

Avec ces gens, moi aussi je me mets à courir,
mais je bute contre une racine de robinier...
Juste à ce moment-là ma femme me réveille :
vite, vite c'est l'heure de se lever.

C'était un rêve... j'en fais un souhait
que, les fiers marquis puissent,
comme par hasard,
encore retourner au berceau de Cortanze.

À la mi-mai de l'année 1800, Napoléon, avec 36 000 hommes, franchit le Grand-Saint-Bernard. Au nombre des rares participants de cette légendaire traversée des Alpes, un jeune homme de dix-sept ans qui pensait alors faire carrière dans l'armée. Son nom : Henri Beyle. S'étant repu du merveilleux spectacle de la ville d'Ivrée, découverte à contre-jour dans le soleil levant, après le passage du fameux col, Stendhal tente, vingt ans plus tard, de décrire la beauté de ce paysage. C'est un échec. Une gravure légendée *Prospetto d'Ivrea* fait écran. Elle occupe tout le champ du souvenir, et l'on peut même dire qu'« elle finit par le détruire ». De vieilles cartes postales du château de Cortanze, des vues du Piémont, des rues de Turin jouèrent longtemps ce rôle : masque, rideau de brume, brouillard. La littérature « joua » elle aussi un « rôle » identique à l'image : malgré tous mes efforts, elles recouvrirent souvent toutes deux mes premières impressions. Créant une mémoire oublieuse d'elle-même, incontrôlable, déplacée, racornie par le temps qui passe. À présent, je peux affirmer avec certitude que la vérité de ce qui est raconté est bien le résultat d'un processus entre celui qui raconte et ce qu'il raconte.

Lors de ce voyage en Piémont, je me cherche autant sur les chemins de terre, les rues des villes, que dans mes lectures. Sachant que, comme dans le fameux récit de Kafka, *Le Chasseur Gracchus*, le moindre souffle d'air peut induire une destinée. Ainsi, une mauvaise manœuvre de gouvernail suffit pour que la barque dévie de sa route, et condamne Gracchus à errer sur les eaux d'ici-bas, sans jamais pouvoir regagner la terre ferme. Ici, à Cortanze, je croise enfin mon étrange autobiographie ; mon vertige, c'est cela. C'est cette distraction qui fabrique notre vie. À qui revient la faute ? En quoi consiste-t-elle ? Qui est à l'origine du malheur ? On peut choisir de raconter sa vie en narrant celle des autres, ou opter pour une habitude contraire. La deuxième solution donne à la littérature un poids supplémentaire, une force renouvelée. J'aurais beaucoup marché, erré, arpenté pour revenir à Cortanze et à ce que je suis. Voilà, la fête est finie. Je peux retourner à Turin.

Je quitte le château à la nuit tombée. Je me souviens de mon grand-père qui le quitta sous la neige, un soir de Noël. Le cortège de voitures noires perce la nuit piémontaise. Le château, éclairé de bas en haut, s'éloigne puis disparaît complètement de ma vue. Je m'endors, bercé par la chaleur de la voiture, et me réveille devant l'entrée du *Turin Palace*. Retour à la chambre. Une chambre à Turin. J'ai commencé par une nouvelle et termine par une nouvelle. Retour à l'écriture, à la vérité par le mensonge littéraire.

Cela faisait cinquante ans que G. vivait à Paris, et cinquante ans qu'il prenait le métro. Avant Paris et son métro, il y avait eu Marseille, et tous ces Français qui n'aimaient guère les Italiens. Et avant l'exil marseillais, il y avait eu l'enfance au château de Cortanze, dans la province de Piémont. Mais tout cela était si loin ! Aujourd'hui, à quatre-vingt-dix ans, le vieil Italien, ex-chauffeur de taxi rayé de l'arbre généalogique par son frère jumeau, prenait une nouvelle fois le métro pour se rendre à l'hôtel Drouot. Habitant au dernier étage d'un des immeubles haussmanniens de la place d'Italie, le bon sens eût exigé que G. prît la ligne 7 jusqu'à Opéra, puis la ligne 8 – direction Créteil-Préfecture –, et se retrouve ainsi à la station Richelieu-Drouot, à quelques mètres de son cher hôtel des ventes. Mais G. trouvait le bon sens vulgaire, comme tout ce qui touchait, de près ou de loin, à l'efficacité et au raisonnable. Aussi choisit-il la ligne 6 – direction Charles-de-Gaulle-Étoile –, voie royale du métro aérien, avec ses ponts métalliques, ses gros piliers et ses poutres transversales, puis la ligne 1 – direction Château de Vincennes –, et enfin la ligne 8, qui le mena, en vingt-cinq stations, aux portes de la vente aux enchères publiques.

Durant le long trajet, il avait eu tout loisir de lire et de relire la liste des lots : étrange et hétéroclite. Du moins est-ce ainsi qu'il avait analysé cet ensemble de quarante pièces qui allait d'éléments de mobilier ancien à des tableaux de petits maîtres, en passant par des bijoux, de la vaisselle, des livres rares, des armes à feu et des épées, et ce qui constituait certainement le clou de la vente : un livre de mémoire intitulé *Da Cortanze tutto intorno*, rédigé en 1882 par un certain Carlo Osvaldo Cesare Aventino Roero. Comme il s'y attendait, les prix de réserve furent à peine dépassés, et la vente fut un semi-échec. Rien que de très normal à tout cela, pensa G. Les acheteurs présents dans la salle 15 n'ont que faire du poids sentimental qui pèse sur chaque objet, ni de la brume de souvenirs qui entoure chacun d'eux. C'est dans cette commode de bois d'acajou que la vieille Grazia rangeait ses sombres élixirs. Cette montre de gousset en forme d'oignon était un cadeau du roi Victor-Emmanuel. Ce pistolet d'arçon avait appartenu à un officier de l'armée autrichienne en poste à Milan. Ce sceau à manche d'ivoire, fabriqué à Gênes en 1743, avait accompagné Garibaldi sur le vapeur *City of Aberdeen*. Et cetera, et cetera… Chaque pièce avait ainsi son histoire que G. connaissait par cœur, et pour cause, puisqu'il était en train d'assister, profondément meurtri, à la dispersion de ce que les générations successives des marquis de Cortanze avaient réussi à sauver de la débâcle familiale ! Alors qu'il ne restait plus qu'un lot, un petit portrait sur cuivre de sa grand-mère Luisa de La Voûte, morte à Turin en 1879, G. fit subitement monter les enchères, par jeu et par désespoir. Lui qui n'avait jamais rien voulu acheter dans ces ventes publiques, depuis plus de trente ans qu'il les fréquentait pour le seul plaisir

La comtesse Maria Luisa de La Voûte, marquise de Cortanze, née à New York en 1837, morte à Rome en 1917.

d'observer les autres, de médire et d'exécrer davantage encore une humanité qui n'avait jamais trouvé grâce à ses yeux, il repartit avec, sous le bras, la peinture sur cuivre.

Plus touché par cette épreuve qu'il ne l'aurait conjecturé, il décida de ne pas reprendre la ligne de métro aérien, mais la direction Balard, de descendre à Opéra et de rejoindre directement la place d'Italie par la ligne 7. Une première dans sa vie d'usager du métro ! Mais ce jour, solde de tout compte de sa vie antérieure, méritait bien une telle exception. Tout avait été vendu. À bas prix, certes, mais tout était *parti*. Il ne lui restait plus maintenant, comme trace de sa famille, que ce petit portrait de Luisa, avec, en toile de fond, l'ancienne forêt domaniale et l'aile droite du château, celle avec la tour quadrangulaire. Maintenant sur le quai, il attendait le métro qui ne tarderait pas à venir. Dans une heure, il retrouverait le calme de sa chambre, au dernier étage d'un des immeubles haussmanniens de la place d'Italie, et qu'il appelait, par dérision, sa *chambre à Turin*.

Du même auteur (suite)

Antonio Saura, La Différence, 1994.

Ateliers d'artistes, avec des photographies de Jean-Marie del Moral, Le Chêne, 1994.

Dossier Paul Auster, Anagrama, 1996.

Le New York de Paul Auster, Le Chêne, 1996.

La Solitude du labyrinthe. Entretiens avec Paul Auster. Actes Sud, 1997.

Le Madrid de Jorge Semprun, Le Chêne, 1997.

Hemingway à Cuba, Le Chêne, 1997.

Zao Wou-Ki, La Différence, 1998 (avec une préface d'Yves Bonnefoy).

Jean-Marie Gustave Le Clézio : le nomade immobile, Le Chêne, 1999.

L'Acier sauvage. Avec des photos de Hélène Moulonguet, Actes Sud, 1999.

Philippe Sollers ou la Volonté de bonheur, roman. Le Chêne, 2001.

POÉSIE

Au seuil : la fêlure, PJO, 1974.

Altérations, Éditions d'Atelier, 1973.

U. Cenote, Alain Anseuw Éditeur, 1980.

Los Angelitos, Richard Sébastian Imprimeur, 1980.

La Muerte solar, Pre-textos, 1985.

Jours dans l'échancrure de la nuque, La Différence, 1988.

La Porte de Cordoue, La Différence, 1989.

Le Mouvement des choses, La Différence, 1999. Prix SGDL-Charles Vildrac, 1999.

ANTHOLOGIES

Huidobro/Altazor/Manifestes, Champ Libre, 1976.

America libre, Seghers, 1976.

Une anthologie de la poésie latino-américaine, Publisud, 1983.

Littératures espagnoles contemporaines, Éditions de l'université libre de Bruxelles, 1985.

Cent Ans de littérature espagnole, La Différence, 1990.

CET OUVRAGE
A ÉTÉ ACHEVÉ D'IMPRIMER
PAR L'IMPRIMERIE FLOCH À MAYENNE
EN AVRIL 2001

Éditions du Rocher
28, rue Comte-Félix-Gastaldi
Monaco

Dépôt légal : avril 2001.
N° d'édition : CNE section commerce et industrie
Monaco : 19023.
N° d'impression : 51357.

Imprimé en France